暁闇

江波戸 敏倫

文芸社

亡き妻、芳枝（深山玉芳）に
本書を捧ぐ

まえがき

NHKが調査した日本における二十世紀の二十大事件の第一位は、太平洋戦争だった。そして現在その戦争の悲惨さを、戦争を知らない若い人達へ語り継いでゆこうという運動が、日本各地で盛んである。

この手記は、その激動の時代に飲み込まれ、翻弄《ほんろう》され、押し流されていった私達一家の姿を、ありのままに書き綴ったものである。

二〇〇三年十月

江波戸敏倫

暁闇◎目次

右腕

昭和二十年（一九四五）、私は中学二年生、十四歳だった。その五月二十四日夜、警戒警報が鳴った。各家は一斉に灯を消した。男達はゲートルに鉄兜、防空頭巾《ずきん》で身を固め、鳶口《とびぐち》片手に表通りの防火用水に集った。ラジオは敵Ｂ29の大編隊が、刻々、東京上空に接近しつつあることを告げていた。

「今夜もたいしたことはあるまい」

夜空を見上げて隣組長の白髪頭が言った。皆もうなずいた。誰もがそうあって欲しいと願っていたからである。でもやっぱり不安と恐怖の色は隠しきれない。だから誰もが心の中で祈っていた。この街にだけはどうぞ焼夷弾など落ちてはきませんようにと。

空襲警報が鳴った。皆の顔に緊張が走る。やがて夜空の彼方《かなた》から幾条もの探照灯に支えられ、敵B29の編隊がおもいも寄らぬ低空飛行で巨大な翼を並べて飛んで来た。大地を威圧する爆音の轟き、狂ったように対空砲火が炸裂した。

「ほう、よく燃えやがる」

父は店の酒樽に片あぐらして、コップの冷酒を傾けながら、京浜工業地帯の蒲田・川崎方面が、今夜もまた真っ赤に燃えあがるのをきつい眼差しで見守っていた。

ササササ……、突如夜気を引き裂き、私達の頭上へなにものかが鋭く迫った。おもわず私は首をすくめて父の膝に突っ伏した。その時おそく固く閉ざした瞼を射抜き、まばゆい閃光が大音響とともに炸裂した。

「竹屋さんに焼夷弾が落ちたぞ！」

父は私の軀を突っぱなして大声で怒鳴った。皆はじかれたように飛び出す。鳶口、火たたき、砂袋、水、水、水！　無我夢中、皆で小さな家を踏みつぶさんばかりの勢いで消し止めた。呆然として丸焼けになった我が家の前に立つ竹屋の主人を置きざりに、人々は口々にお互いの健闘を祝し合い、消火作業の迅速さを自慢し合った。

だが混乱はこの直後に来た。同時に落された焼夷弾の一発は、目と鼻の先の国民学校を、真っ赤に燃えあがらせていたからだ。いや其処《そこ》ばかりではなかった。町内のあちこちにも火の手があがり、その火を目標に後続の敵機が次々と私達の街に襲いかかり、焼夷弾を雨と降らせた。木と紙で出来ているような東京下町の密集地帯の家屋等、ひとたまりもなかった。

忽ち《たちま》火の手は四方にあがり、子供の泣き叫ぶ声、母親の叱る声、男達の怒鳴り合う声等が慌ただしく入り乱れ、リュックを背負い、手提げ袋や風呂敷包みを抱えたモンペ姿やゲートルが、私の家の前を右往左往し始める。もはや消火どころの騒ぎではない。街は完全なパニックになった。

鳶口片手に父が火の粉を払いながら戻って来た。

「敏倫《としのり》、お前先に逃げてろ、池上本門寺へ」

私は倉庫から自転車を出した。父はそれにリヤカーを付け夜具布団を積み込んだ。脇を近所の婆さんが小さな仏壇を背負って逃げてゆく。至近弾がまた落ちて後方で誰かの悲鳴が吹っ飛んだ。

「よし、ゆけ！」

父の声に肩をたたかれ、私は両側の家が勢いよく燃え始めている坂道を、自転車をひっぱって夢中で駆け登っていった。非常の際にはこうも力が出るものかと、我と我が力をいぶかりながら。

私は知らなかった。坂道手前の十字路で、直進してゆく私の自転車と、左から右に避難してゆく自転車とが烈しくぶつかり絡み合った。お互い早く早くと気ばかりあせってなかなか引き剝がせない。これを見て父が店先から飛んで来た。素早く自転車を分けた。そしてそのまま坂の上までリヤカーの後を押してきてくれたのだ。

坂の上まで来た。父はその手を放そうとした。その刹那、父の右腕はなにものかに強打されジンと痺れた。踵《きびす》を返して歩き始めた。父には、明日町内の人達に配給するはずになっていた味噌・醤油・油等の貴重な荷の山が、どうにも気がかりであったのだ。だが逃げてゆく人波に逆らい、自分では真っ直ぐ歩いているはずなのに、なぜか軀が左へ左へとよろけてゆく。片足をどぶに落としてしまった。そこで始めて右腕がだらりと垂れさがっているのに気が付いた。

(やられた!)

咄嗟に父は振りかえり、私の名を呼ぼうとした。が、呼び止めてはこの場で父子とも焼け死んでしまうかも知れない。そこで黙って私の逃げのびてゆく後ろ姿を見送っていてくれたのだ。

私は何も知らなかった。

広い第二京浜国道。いまは避難民で溢れるばかり。どこをやられたのか顎紐結んだ一警官、街路樹に身を支えていたが、崩れるように地にのめる。抱き起こす者は一人もいない。みな足早にその脇を駆け抜けてゆく。

池上本門寺の松林の中に避難した。振り返ると私達の街は巨大な炎に包まれて、天は真昼のように輝いていた。火に追われて後から後からこの松林の中に避難してくる人達の中に、顔見知りをみつけると私は訊《き》いた。

「父ちゃん見なかった?」

相手は首を横に振る。何度この言葉を繰り返したことか。じっとしているとますます不安が拡がってゆく。私は泣き出したいのを我慢して、腹の中で大声で喚《わめ》いていた。

(父ちゃんの馬鹿野郎！　なぜ一緒に逃げてはくれなかったんだよ)

国道一つ隔てた向うの松林の中で火の手が揚った。流れ弾にでも当ったのだろうか。その方向から逃げて来た人が、頬に泥をこびりつかせて言うことには、いま燃えているのは寺だという。だがその坊さんは逃げもせず独り本堂に正座して読経しているという。私の背筋に感動の電流が突っ走った。周囲の人達も声を飲み、燃えさかる寺院を見守った。炎は四囲の松林をくっきりと染め、黒煙高く燃えあがる。そして火の粉が花火のように一際烈しく噴いたとみるや、音もなく寺院は崩れた。その上を再び闇が覆った。

私はこの光景にこころが痺れた。手を合せて眼を閉じた。だが逃げることが卑怯であってもいい。父はやっぱり生きていて欲しい。

空襲警報解除。避難していた人達は皆我がちに焼跡へ急ぐ。父ははたして生きていようか？　馬鹿な、そんなことがあってたまるか。だが不吉な予感に私はおののく。無事ならば父はきっと先に戻っているはずだ。ここに一縷《いちる》の望みをかけて足を早めた。

坂の上まで戻ってきた。見渡す限りの焼野原。私達の街は一夜を境に嘘のように消え失せていた。呆然として立ち竦《すく》む。ただ私の視線だけが坂を下り、余燼くすぶる焼跡道を辿って行った。我が家の辺り、やっぱり父の姿は無かった。

夜はすでに明けていた。だが私はいま何一つ見えぬ虚空の直中《ただなか》に立っていた。

政府発表——五月二十四日午前一時三十分頃ヨリ、約二時間半ニワタリ、南方基地ノB29約二百五十機ハ主トシテ帝都ニ侵入、焼夷弾ニヨル無差別爆撃ヲ行イタリ。被害最モ甚ダシキハ荏原・大森・品川ノ三区ニシテ……

東京荏原区豊町五の九四番地。我が家の焼跡に立つ。父母が半生を費やして築き上げた全てのものは、いま悉く足下の瓦礫と化していた。

昭和十年頃、父母はここで手広く酒屋を営んでいた。私がものごころついた頃、すでに店には前掛け姿の活きのいい若い衆や小僧達五、六人とお手伝いさん一人が、いつもせわしげに立ち働き、店は活気に満ちていた。

私が生まれた年に満州事変（一九三一年）が起きた。幼稚園に通い始めた頃に盧溝橋事件（一九三七年）が起き、日中戦争が始まった。そして小学校四年生の時に太平洋戦争が始まった。軍国日本が戦火を拡大させてゆくにつれて、店にいた若い番頭達も次々と兵隊に取られてゆき、物は次第に欠乏し、衣料品も食料品も何も彼も街から姿を消していった。そしてやがて全てに統制がしかれ、酒屋も廃業に追い込まれた。

だが幸か不幸か我が家では過去の商いの実績と立地条件から選ばれて、酒・味噌・醤油・油・塩など、一般市民の食料品を取り扱う配給所に指定された。

その頃、日本はミッドウェー海戦（一九四二年六月）で惨敗し制海権を奪われ、ガダルカナル島撤退、アッツ島玉砕（いずれも一九四三年）、サイパン島玉砕（一九四四年）、硫黄島玉砕（一九四五年）と、硝煙の臭いは刻一刻緊迫の度を加え日本本土に迫っていた。

そして昭和二十年に入ると、物量を誇る米軍に南海の制空権を奪われ、日本の各主要都市は連日のようにB29の空襲を受け、焼土と化して行った。特に三月十日の東京大空襲の時は、本所・深川一帯で一夜で十万人もの市民が、無差別爆撃の犠牲となって焼け死んだ。その惨状の凄まじさに父は顔色を変え、即、三男啓悟《けいご》、四男教郎《みちろう》、五男国泰《くにやす》、そしてこの三月末に生まれたばかりの六男康浩《やすひろ》達を、母とともに生まれ故郷の千葉県八日市場へ疎開させた。次男の勇《いさむ》はこのとき国民学校四年生だったので、学童集団疎開で静岡県富士町へ行っていた。そして東京には父と長男の私が残り、配給所としての使命を守ることにしたのだが……。

「みんな燃えちまった。みんな灰になっちまった」

前の家の奥さんが水《みず》っ洟《ぱな》をすすりあげながら、未だ余燼くすぶる瓦礫の山を鉄棒で突っ突き返している。私もそれに倣《なら》う。

倉庫跡には飴のように溶け合ったビール瓶、酒瓶、醤油瓶の山、二階の床の間に飾ってあった日本刀が抜き身のまま瓦礫の中から出てきた。隠匿しておいた砂糖は酢瓶の中で、真っ黒焦げ、カチカチの炭になっていた。塩は焼塩として残っているかと思ったが、それもいち早く焼跡に戻った誰かの手によって一掬《いっきく》も余さず運び去られてしまっていた。いや焼夷弾の高熱できれいさっぱり消滅してしまったのかも知れない。なにしろ我が家の敷地の跡から、焼夷弾の六角筒の残骸が二本もころがって出てきたからだ。

十日ほど前、父が八日市場の蔵元に頼み、今日、大型トラックで東京麻布の軍部へ味噌・醬油を納めに来ることになっていたので、その帰りの空車を利用して我が家に立ち寄ってもらい、家財道具など疎開先の母の許へ運んでもらう手筈になっていた。だがそれもたった一日違いで、全ては梱包したまま家屋もろともそっくり灰になってしまった。

熱風が渦を巻き、燃え残りの木片や紙灰が空中高く舞いあがった。

父の消息が判った。右腕をやられて出血多量重態だという。

「で、いまどこに？」

「逃げてく途中、坂の上の病院で血止めの応急処置をしている姿を見掛けたんだが、それからどこへ行ったかな。あれからじきにあの病院も焼けちまったしな」

私は鉄棒をたたき捨て、焼トタンを蹴飛ばし、横だおしになった電柱を踏み越え、地に這う幾条もの電線をまたぎ、瓦やガラスの破片が散乱している焼跡道を、西の病院から北の病院へ、北の病院から東の病院へ、東の病院から南の病院へと、父の姿をさがし求めて狂気のように歩き続けた。


食糧営団の焼跡では黒山のような罹災者達が、黒い爪で焼米を、焼大豆をかき集めている。互いにわめき罵りながら眼の色変えて。ああ私も拾いたい。皆に混じって拾いたい。餓鬼のように拾いたい。だが父の生死が気がかりで、羨望の視線を送りながらも足早にその場を横切っていった。

戸越公園駅前の病院では、おびただしい死体が、中庭のコンクリートの上にじかに一列横隊にころがされていた。

片面火ぶくれの男の死体、腹に白いガーゼが突っ込まれたままの女の死体、片足もげた老婆の死体、羞恥を投げ出した娘の死体、看護婦が表情を忘れた顔つきで、それら死体の上に整理番号札を一枚一枚載せてゆく。

一瞬、私はギョッとして立ち竦《すく》む。一個の死体があまりにも父に似ていたからだ。恐る恐る近づき、その血糊の付いた横顔を確かめる。違っていた。私は大きく息を吐く。


父を見つけた！　生きていた！

父は私の無事な姿を見るとニッコリした。病院玄関脇の廊下の上にじかに寝かされていた。そばを土足のまま罹災者達が負傷者を担いでドカドカ通る。その度に父はかすかに顔をゆがめた。傷口にひびくのだ。私は防空頭巾を脱いでそれを父の右腕の下に差入れた。

その日の午後、重傷者だけを収容して運ぶバスが回されて来て、父はそれに乗せられ昭和医専に運ばれた。そして麻酔も打たず、即、右腕を付け根から切断されたという。廊下の長椅子の上に置いた手提げは、この時のドサクサに何者かによって持ち去られてしまったという。

でも父さえ生きていれば、それだけでもう充分。あとは何も要らない。よし、これからは私が父の右腕にならなければ！

黒い飴玉

焼跡を整理していると母が来た。生後二ヶ月の康浩を背中におぶって、疎開先の八日市場からやって来た。

母はこの日、我が家が焼けたことも知らず、今日は味噌・醬油・油等の配給日なので朝から店が忙しい、そこでその手助けをするために、そしてまた滞っている父や私の下着を洗濯したり、日持ちのよい惣菜を少しでも多く作っておこうと、今朝一番の列車に乗ってやって来たのだ。ところが東京に近づくにつれて、どうやら昨夜の空襲で荏原・品川・大森方面が、大分ひどくやられたらしいとの車中の乗客の噂を耳にして、胸が潰れる思いで秋葉原で京浜東北線に乗り換えた。噂は本当だった。電車は品川止まりでその先は不通だという。そこで母は康浩に乳を飲ませ、しっかりと背中におぶいなおして、我が家めざして歩き始めた。

見渡せば右も左も未だ余燼くすぶる焼野原、この惨状ではおそらく我が家も駄目だろうと、母は覚悟を決めて歩いて来たという。だが大井駅の陸橋の上で、ばったり近所の岩井の爺さんに出会い、「江波戸さんとこでは旦那がお気の毒なことをしましたね」と言われた時は、さすが気丈な母も「えっ?」と驚き、眼の前が真っ暗になったという。だが右腕は無くしたものの生きている。長男は無事と聞かされて、ああ不幸中の幸いと、かろうじて気を取り直すことが出来たという。

それから岩井の爺さんに連れられて我が家の焼跡まで辿り着くことが出来たのだが、どの道をどのように歩いて来たのか、後になって考えてみてもさっぱり判らないという。

母の顔を見たとたん、昨夜からの張りつめていた私の心が急にゆるんで、熱い大粒の涙がとめどなく頰を伝って流れ落ちた。涙がこんなに熱いものだとは知らなかった。後で頬がヒリヒリした。

母は私の無事な姿を一目確かめると、即、父が収容されている昭和医専に直行した。


何か使える物は残っていないだろうか。私が我が家の瓦礫の後を鉄棒でほじくり返していると、前の家の奥さんが来て、おぶっていた国泰を背中からおろし、

「一寸用があるから、国泰ちゃんを見てて頂戴」

私はうなずき小さな弟を抱き取った。奥さんは急いで去って行った。弟は身をよじり、小さな手をのばして泣き出した。

前の家の奥さんには子供が無かった。八歳年下の旦那さんは一年前に出征していた。私の家で六男康浩が生まれると、

「六人も男の子がいるんだもの、私の家に一人ぐらい頂戴よ」

と、半ば強引に五男の国泰を連れてゆき、その夜からずっと我が子のように面倒

をみていた。母も生まれたばかりの康浩に手がかかるのでそれを大目に見ていた。国泰は満二歳。鼻が高く色が白く、かわいい顔をしていた。

奥さんは料理がとても上手だった。ソロバンも得意で、配給日には店の金庫番としてよく手伝いもしてくれた。

そのうち空襲が激しくなり、東京にいてはあぶないと、我が家でも母や幼い弟達を八日市場へ疎開させることになった時、「私も一緒にして頂戴よ」と、まるで我が家の一員のように従《つ》いて行った。

運命の日、奥さんは国泰を連れて、なぜか母より一日早く上京してきた。そしてその夜空襲に遭ったのだ。だから私が避難してゆく時、そばに奥さんも一緒だった。その背中には国泰もおぶさっていたが、火に追われ阿鼻《あび》叫喚《きようかん》の生地獄の中、小さいながらも本能的に身の危険を感じてか、亀の子のようにちゃんちゃんこの中にすっぽり頭を隠していた。

奥さんは夕方近くになっても戻っては来なかった。後になって判ったことだが、そのまま旦那さんの郷里相模原へ独り逃げて行ってしまったのだ。空襲でさんざん怖い目に遭い、家を焼かれ、気が動転してしまってのことだろうか。それとも私の父が重傷を負い、このまま私達一家と行動を共にしていたんでは、この先とんだ厄介を背負うことになると、ソロバンを弾いてのことだったのだろうか。

私はおぶい紐で国泰を背負うと、父母のいる昭和医専に向って歩き始めた。国泰は涙とよだれと鼻汁を私の襟首へこすりつけ、小さな声でいつまでたっても泣き止まなかった。

国泰よ憶えているかい？　歩き疲れて道端の石に腰掛け、しばらく休んでいた時だ。泣いてるお前の掌に飴玉を三粒握らせてくれた年寄りがいた。しょっぱい手拭いを首にさげ、貧苦を背負って人生を永年歩き続けてきたせいか、背中がひどく曲っていたが、私の眼には仏様に見えた。黒い飴玉が宝石よりも光って見えた。

おはち一杯御飯を背負《しょ》って、八日市場から伯父が馳けつけて来てくれた。母の兄で地元で魚屋をやっていた。

「早く喰べさせとくれ、敏倫に」

母の言葉に伯父はうなずき、

「敏坊、外へゆくべエ」

病室を出て、昭和医専わきの溝川《どぶがわ》べりで、二人は足許におはちをデンと置き、にぼしを齧《かじ》り、水をぶっかけ、沢庵バリバリ嚙みながら喰い始めた。

「ケッ！　あんな臭え病室でめしなんか喰えるか。消毒の臭い、膿の臭い、血の臭い」

伯父はしきりに唾を吐きながら、それでもまたたくまに五、六杯平らげた。その日焼けした髭面の頬もしさ。太い腕、私も負けずにむさぼり喰った。

「敏坊、もっと喰え！　腹一杯喰え！」

私はうなずき、ベルトを弛《ゆる》め更に喰った。生きる力が腹の底から湧いてきた。

翌日、伯父は国泰を連れて八日市場へ帰っていった。

「死は偉大である」

この言葉を遺して老人が死んだ。亡骸《なきがら》はすぐ看護婦達の手によって死体安置所に運び去られた。だが死体安置所とは名ばかりで、そこは薄暗い溝川べりの車庫だった。車庫の中には足の踏み場もないほど、同じ戦災犠牲者のおびただしい死体が転がっていた。鼻翼を狭める嫌な臭いが充満していた。南風が吹くと、その黴《かび》をさらに蒸したような死臭が、父のいる病室にまで流れ込んできた。

「ホイ　ホイ　ホイ！」

夕暮れ、人夫が二人掛け声合せ、胸と脚とを荒縄で二巻きに結んだ死体を、糞尿の桶を運ぶトラックに放り上げていた。

「ホイ　ホイ　ホイ！」

死骸の山は、夕闇せまる池上本門寺裏に運ばれ、そこに掘られた大きな穴の中へ、ひとまとめに投げ棄てられるのだ。共同埋葬という名のもとに。

父も此処《ここ》で死ねば、このような扱い方を受けることになる。此処では死なせられない。トラックは人目を憚るように、三晩続けて死体安置所にすり寄って来た。一面焼土と化した溝川べりを背景に、私はまばたきもせずにこの光景を見守り続けた。

(死は偉大である?)

一日置きに医学生が回診にくる。切断した父の右腕の傷口にヨーチンを塗り、黄色い液の沁みたガーゼを当てがい、あとは看護婦が使い古しの包帯を巻くばかり。食事は水のように薄い粥《かゆ》、ボソボソの乾パン。朝夕二回だけ。薬もない。栄養も足りない。これでは父の体は衰弱してゆくばかりだ。早く歩けるようになったら、一日も早く東京を脱出しなければ!

昨夜も空襲があり都心の空が真っ赤に燃えた。父と同じように左腕を切断した隣のベッドの男の人が空襲警報のサイレンで起き出し、奥さんの肩につかまりながら、廊下から玄関先まで歩いて行ったが、その無理がたたって今朝息を引きとった。

父は動かなかった。もうどうにでもなれと腹をくって、ベッドの中で眼を閉じたまま
じっとしていた。そんな父の左手を、母は両手でしっかりと握りしめていた。

隣のベッドの男の人の亡骸が片付けられると、入れ替ってすぐ全身大火傷《やけど》した女の人が運び込まれて来た。この部屋には六床のベッドがあったが、私達よりもっと不幸な一家もいた。

避難した防空壕に直撃弾が落ちて、七人家族のうち三人が即死、三人が重傷、皮肉にも逃げおくれた青年だけが助かったという一家が、向い側のベッド三床に枕を並べて呻吟《しんぎん》していた。甲斐がいしく父と弟と妹の世話をするその背の高い青年に、同室の者達も看護婦さん達もみな好意と同情を寄せていた。

五月の朝、青年は突然発狂した。病院の屋上で青空に向って笑い続けるその頬に、涙の跡がひとすじ白く光っていた。

「俺が居なくなったら、あと誰が家族の面倒を見てくれるんだ?」

手にはしっかりと赤紙の召集令状が握りしめられていた。

昼さがり、第二京浜国道沿いの瓦礫の前に人だかりがあった。覗くと髪の毛を振り乱した中年の女が、指先を血で滲ませながら瓦礫の山を必死にかきのけていた。その中に防空頭巾の燃えさしがわずかに見えた。

「身寄りかね？」

男が訊いた。女は汚れた指で眼をこすり、

「娘だよ。十七になる。たった一人の」

やがて女は人間の形をした黒焦げの死体を、瓦礫の中から引っぱり出した。私の眼には子供の背丈ぐらいにしか見えなかった。

「どうしてこの仏さんが、娘さんだと判るんだい？」

男がまた訊いた。女は嗚咽《おえつ》しながらそれには答えず、燃え残りの花柄模様の防空頭巾の切れ端を、己の胸元にしっかりと納めた。そしてその瓦礫の前に、用意してきた花と水と線香を供えた。

おそらく此処まで逃げて来て、母娘ははぐれてしまったに違いない。火と黒煙の中、母は狂ったように娘の名を呼び続け、娘は炎のなか白い手を伸ばしながら、焼け落ちてきた建物の下敷きになって死んだのだ。

空襲警報が鳴った。それがまだ鳴り止まぬ先に、雲間から敵P51戦闘機が現われ、鋭い金属音を発しながら私達の頭上めがけて突っ込んできた。皆はあわてて四散した。

女は逃げなかった。合掌した姿のまま首を垂れ眼を閉じていた。機銃掃射の音！

外は雨が降っている。母は康浩に乳を含ませながら、唇をふるわせまた愚痴る。

「干しといた赤ん坊のおむつまで盗《と》ってくなんて！」

父はベッドに横たわり、天井のしみを見つめて何も言わない。隣のベッドでは顔中を包帯でぐるぐる巻きにした母親の口へ、娘が重湯《おもゆ》を一匙一匙運んでいる。

私は生米を齧りながら父の枕元で米を搗《つ》く。一升壜《びん》の中に入れた玄米を竹の棒で突くのだ。どうしても諦めきれない。幼い頃から読んできた沢山の愛読書を、空襲で全部灰にしてしまったことが。それらの本は私にとって何物にも替え難い大切な宝であった。

幼い頃の私は虚弱児で年中医者にばかりかかっていたから、父は「こいつは金で買ったような子供だな」と、苦笑いしていた。また母から「ご飯だよ」と呼ばれなければ、食事も忘れて本を読み、独り空想の世界に遊んでいるような子供だった。時たま外へ遊びにゆけば、じき近所の年下の女の子にいじめられて泣き泣き家に帰ってくる。

一代で身上を築き上げた父にしてみれば、怒るより情けなさが先に立って、「こいつは商人には向いてない。せいぜい今のうちから学問でもみっちり仕込んでやらなきゃ」と、嘆いていた。そのせいだろうか。子供にはまだ難し過ぎると思われるような高価な本でも、私が欲しいとねだれば、父は黙ってその本を買い与えてくれた。

外は雨が降っている。母は康浩に乳を飲ませながらまた愚痴る。

「赤ん坊のおむつまで盗ってくなんて、もう世も末だ」

父はベッドに横たわり、天井のしみを見つめて何も言わない。隣のベッドでは顔中を包帯でぐるぐる巻きにした母親の胸にすがって、娘が声を殺して泣いている。いま息を引きとったのだ。母親は長唄のお師匠さんであったらしい。「でも、いまの御時世にはチョットねえ」などと女達が、炊事場で囁いている噂話を、私は耳にしていたからである。康浩だけは何も知らない。乳を飲み、安らかな寝顔をみせて、母の膝で眠っている。


母が用をたしに街へ出掛けた。なかなか戻って来なかった。康浩が眼を醒まし泣き出した。抱いて外へ出る。

溝川べりの向うは見渡す限りの焼野原。あやしあやし幾往復もした。だがいつまでたっても母はなかなか戻って来なかった。康浩は歯の無い口を大きく開けて、火が付いたように泣き続けた。その泣き声に煽《あお》られて、私は全身汗だくになった。そばを幾人かの人が通って行った。が、誰も見向きもしない。いまは誰もが自分独り生きてゆくだけで精一杯の御時世なのだ。他人の面倒などかまってなんかいられるものか。大声で泣き続ける康浩に私も泣いた。なかなか戻って来ない母を恨み、母の乳房を瞼に描いて。

切羽詰った私は、声を嗄《か》らして泣き叫ぶ康浩の口へ私の小指を入れてみた。ピタリ泣きやみ夢中で吸い始めた。だがいくら吸っても乳が出るものか！　康浩は怒ってまた泣き出す。また小指を含ませる。ピタリ泣き止み、今度は前よりも更に強く吸い始める。それを見守るやるせなさ。何度これを繰り返したことか。

あの日、涙の瞳で眺めた空の、夕映えの雲の、なんと無意味で切なくもまた美しかったことか！

焼け出されて二十日ぶりに中学へ顔を出した。同級生達は同情の眼で私を迎えた。

が、一言二言慰めの言葉をかけただけで、みな逃げるように離れていった。頼れるのは結局自分だけだ。帰り、農家の畑から一握りの韮《にら》を盗んだ。友達の家からもらって来たとばかり信じている父は、その汁をすすって旨いと言った。地獄へ堕ちたっていい。父を救うためならば、人を殺したって生きてやる。

病葉

昭和十九年（一九四四）七月。米機動部隊にサイパンを奪われて、日本の絶対防衛圏の一角はもろくも崩れた。この時点でもはや日本本土空襲は避けられない状勢となってきた。そこで政府は次代を担う幼い命を空襲から守るため、大都市に住む学童達の集団疎開要綱を発表した。そして翌日、東條内閣は総辞職した。

東京では三年生から六年生までの学童二十万人が、親兄弟と別れて東北・長野・静岡方面へ、それぞれ学校ぐるみ集団疎開していった。だがこの時すでに沖縄では、九州へ集団疎開する学童七百六十余名を含む乗員千五百余名を乗せた対馬丸が、米潜水艦によって撃沈されるという痛ましい悲劇が起きていた。

翌昭和二十年二月。米機動部隊は東京都下の硫黄島にその姿を現わした。硫黄島は東京から南へ約千二百粁《キロ》。岩と砂ばかりの小島だが、飛行場があり、小笠原群島の中軸をなす重要な軍事拠点となっていた。

米軍は三日間、空と海から摺鉢山《すりばちやま》が変形するほど容赦ない砲爆撃を加えたあと、五日間で占領する腹づもりで敵前上陸を開始した。だが、「一人十殺」を合言葉にした日本守備隊のおもわぬ頑強な抵抗に遭い、ここに太平洋戦史上まれにみる凄絶な攻防戦が展開された。

死闘一ヶ月。米軍は日本軍を上回る二万四千人もの死傷者を出して、やっと硫黄島を占領すると、直ちに此処からP51戦闘機を出撃させて、サイパンから日本本土へ長距離爆撃に向うB29の援護をさせた。そのため空襲は以後さらに残虐なものとなっていった。

特に三月十日の東京大空襲の時は、夜間無差別焼夷弾爆撃により、忽ち本所・深川一帯は火の海となり、炎は天を焦がして昼をあざむき、川面を這って対岸を嘗《な》め、密集した街は一瞬にして阿鼻叫喚の生地獄と化した。

一夜で十万人もの市民が死んだのだ。その実態のむごたらしさ。この中には昨日まで地方へ集団疎開していたが、せめて卒業式は東京でと帰京した夜、この空襲に巻き込まれた台東区柳北国民学校六年生の生徒達も含まれていた。

米機動部隊は次にその矛先《ほこさき》を沖縄に向けた。

皇居が炎上し、我が家も焼けた五月二十四日。この日も九州知覧《ちらん》基地からは、「一機一艦を屠《ほふ》れ！」と、特攻機が出撃し、沖縄の海に若い命を散らしていた。

これより先、四月六日に日本海軍の象徴戦艦大和が、片道燃料だけで沖縄へ特攻出撃したものの、忽ち敵戦闘機群に捕捉され、無数の爆撃と魚雷を受けて、大音響とともに海底ふかく沈んでいった。

だがこの重大ニュースは、私達一般国民には全く知らされてはいなかった。しかし連日のように日本の上空を憎らしいほど我がもの顔に飛び回り、火の雨を降らすB29に、容易ならざる戦局の悪化を思い知らされ、本土決戦を叫んで狂奔している軍部の陰で、すでにこの時日本の敗戦を予知し、一億総玉砕を覚悟している国民も少なくなかった。

「父ちゃんが負傷したんだし、家も焼けちまった。それに戦争もだんだん近づいてきた。敵が上陸してくれば、こんなちっぽけな島ん中、どこへ逃げたって同じだよ。どうせ死ぬのなら家族一緒のほうがいい」

母の言葉を反芻《はんすう》しながら、私は瓦礫と化した東京をあとに、集団疎開している弟を迎えに東海道本線を西下して行った。車窓から見る海の青、松の緑が眼にしみて、空気がとっても旨《うま》かった。私は長いこと空の青さを忘れていたような気がした。私はポケットから弟の手紙を取り出すと、もう一度眼を通した。

ココモ危クナッテキタソウデス。本土決戦ノ時、敵ガコノ辺カラ上陸シテクルカモ知レナイカラダソウデス。僕タチ疎開学童ハ、近ク東北方面へ再疎開シマス。

モウ手紙イリマセン。読ムトサビシクナルカラ。僕ノ方カラモ手紙出シマセン。便リノナイ間ハ無事ニイルモノト思ッテテ下サイ。オ父サン、オ母サンへ

静岡県富士町延命寺内

国民学校四年生　江波戸勇

延命寺の境内で勇と会った。蒼白い顔をして痩せこけていた。父が怪我したことを告げ一緒に帰るのだと話すと、ただ黙ってうなずいた。陽気で明るかった勇が口数の少ない子供に変っていた。寮母さんは言った。

「イタリーもドイツも降参したって言うのに、日本だけがまだ世界中を相手に戦争をしている。いつまで続くのかしらねえ。それにしても富士山は今日も綺麗ね。ほっとするわ。でも南から飛んでくる敵機はこの富士山が目印みたいよ。なにしろ目立ち過ぎるほど目立つ日本の大看板だものね。そしてここの上空で敵機が西に向かえば、今日は名古屋・大阪方面がやられるんだな。東に向かえば、ああ、また東京

がやられるんだなって、みんなで空を見上げて、見てるのよ」

その東京へ私はいま勇を連れて帰ってゆくのだ。

満員列車は徐行運転を繰り返しながらのろのろ走り、昼近くやっと横浜駅に辿り着いたとき、私は気分が悪くなり、ホームへ降りて線路に吐いた。此処まで来ればあとは京浜電車も走っているし、少し休んでからでもと気がゆるんだ。だが勇は「早く父ちゃんの処へ行こうよ」と私を急《せ》かした。そこでまたしぶしぶ満員列車の中へ勇の軀を割り込ませ、押し込み、その後から蓋をするように私も片足一本でデッキにぶらさがった。

多摩川の鉄橋にさしかかったとき手がしびれてきた。足下は大きな川の流れだ。列車は相変らずのろのろ走っている。後方へ移動する枕木と川面に反射する日の光が眼にチカチカする。不自然な姿勢でそれを見ていると、ふっと吸い込まれるように気が遠くなり、手を放してしまいたい誘惑に駆られる。首をねじまげ私を見る勇の心配そうな顔、ハッとして私はデッキにぶらさがる手に力を込めた。

やっとの思いで列車が多摩川を渡り切った直後、空襲警報発令！　そのサイレンが鳴り止まぬ先に、振り返る横浜の空に巨大な黒煙が上がった。

「助かった！　危機一髪だったな」

おもえば勇に急かされて、私は命を拾ったことになる。

「よかったね」

勇も嬉しそうに笑った。笑うと頬にえくぼが出来た。そこだけが集団疎開する前と少しも変っていなかった。

昭和二十年五月二十九日。白昼。横浜はサイパンからのＢ29五百機と、硫黄島からのＰ51戦闘機百機の大空襲を受け、死者四千人。負傷者一万四千人。そして市街地の三分の一が焼失した。


父母に会い、昭和医専の待合椅子で一夜を明かした勇と私は、翌日、八日市場に向って出発した。そこの伯父の家には三男啓悟六歳、四男教郎四歳、五男国泰二歳達が疎開していて、父母の帰りを今日か明日かと首を長くして待っていた。その幼い弟達の面倒を母に代ってみることが、これから行く次男勇十歳の役目だった。

母から手渡された汽車の切符は昨日までのものだった。おそらく母は五月二十四日の空襲で家が焼けなければ、母自身が富士まで勇を迎えにゆき、そして一緒に八日市場へ連れて帰るこころづもりでいたのだろう。

私は指に唾をつけ日付を消した。だが駅の改札口で若い駅員にみとがめられ、事務室の中に連れ込まれた。長い詰問の一時間だった。

「どうしてお母さんがこの切符を使わなかったんだ？　なにお父さんと一緒にいるんだって？　随分仲がいいじゃないか」

若い駅員は周りの同僚達の顔を見回しながら下卑た笑いを洩らした。きっとこの駅員の家はまだ焼かれずに残っているのだろう。家を焼け出された者と、そうでない者とでは、この時すでに大尽と乞食ほどの差が出来ていた。せめて倉庫だけでも焼け残っていたら、いやもう一日早く蔵元のトラックが来て、荷造りしておいた家財道具を、疎開先の八日市場へ運んでいてくれたなら、こんな屈辱に遭わずとも済んだものを！

駅長が唾で消した切符に今日の日付けをペンで書き、その上に小さな駅印を捺してくれた。私はその二枚の切符をしっかり握りしめて外へ出た。勇がいまにも泣き出しそうな顔で改札口のところで待っていた。その手を邪険に強くひっぱって、私はホームへの階段を駆け降りた。期限の切れた切符を承知の上で乗車しようとしたやましさに、心は深く傷ついていた。私は烈しい疲労を憶え、ホームへ入ってきた電車の風圧に軀がおもわずよろめいた。

伯父の家に着いた。焼け出されてから何日ぶりの風呂か。湯の香の甘さ、温かさ、ゆっくりと垢をこする。と、突然めまいに襲われた。あわてて母屋へ。だが途中泳ぐ手つきで助けを求め、庭の真中で私は倒れた。伯母が竈《かまど》から飛んできた。

気がつくと私は畳の上に寝かされていた。周りには弟達の顔、顔、顔、伯父の家の子供達の顔、顔、顔、みんな心配そうにのぞき込んでいた。

「可哀相によ。こんな小っちゃな軀によ。もう背負《しょ》いきれない悩みを背負ってよお」

伯母は水っ洟を啜りあげた。ゆっくりと医者が来た。貧血だと言った。浴衣を脱がされた時、焼け出された時に穿いたままのパンツは黒く汚れて嫌な臭いがしていた。私は恥ずかしさに眼を固くつぶったまま顔をそむけた。

（死ぬ時はせめて下着だけでも綺麗なのを着て死にたい）

この頃、沖縄では日本軍が連日圧倒的な米軍を相手に死力を尽して戦っていたが、援軍も無く、遂に首里城を放棄して摩文仁の丘に後退し、戦局はいよいよ最終段階を迎えようとしていた。

大本営は本土決戦のための時間かせぎの捨て石として、最初から沖縄を見捨てていたのだろうか。そして男子学生からなる「鉄血勤皇隊」、女子学生からなる「ひめゆり部隊」の悲劇は、そのまま本土決戦における私達中学生の運命と真っ直ぐに繋がっていた。

米二升と野菜と玉子十個を土産に貰って私が東京に帰ったあと、四男教郎と五男国泰は伯父に連れられ、さらに遠縁に当る銚子の伯母の家に預けられることになった。

銚子の家では初め難色を示していたが、

「儂《わし》のところでも勇と啓悟二人を預って世話してるんだ。困ってる時はお互いさまじゃねえか！」

銚子の家で二人は厄介者扱いにされて、誰からもかまってもらえず、国泰は朝から晩まで泣いてばかりいた。それだけでも鬱陶《うっとう》しいのに、毎晩寝小便をし、真夜中警報が鳴るたびに眼を三角に吊りあげ、爆音が聞えるたびに泣き出した。東京空襲の生地獄が、幼ごころによっぽど怖かったのだろう。

銚子の伯母の家は戦前から街中で風呂屋を営み、比較的裕福な暮らしをしていたが、大人ばかりで子供の扱い方を知らず、一日中めそめそ泣いてばかりいる国泰をもてあまし、大豆の炒ったのを枡ごと宛てがい眉をひそめた。国泰は喰べている間だけ泣き止んでいた。が、じきに腹をこわして粗相した。癇の強い伯母は長煙管《キセル》を火鉢に打ちつけ、奥歯を噛みならしながら青筋立てて、汚れた着物の裾をまくって、小さな尻をピシャピシャ叩いた。

教郎が涙を溜めてこの様子をじっと見ていた。

この頃B29による東京空襲は延べ百回を超えていた。焼夷弾による徹底した絨緞《じゅうたん》爆撃により、首都東京は上空から眺めると見渡す限り焼トタンの赤錆びた色彩に塗り潰されて真っ平らだった。もはやこれ以上燃やすべき建造物などほとんど残ってはいなかった。そこでB29は次にその攻撃目標を地方の中小都市に移していった。

六月　五日　神戸・芦屋・西宮

　　　九日　名古屋

　　十五日　大阪・尼崎

十七日　鹿児島・大牟田・浜松・四日市
十九日　福岡・豊橋・静岡
二十八日　佐世保
二十九日　岡山
七月
一日　呉
四日　姫路・高松・徳島・高知
六日　甲府・千葉
九日　和歌山・堺・岐阜・四日市
十日　仙台
十二日　宇都宮
十三日　一宮
十六日　沼津・平塚・桑名・大分
十七日　桑名・大分

そして七月十九日。福井・日立・尼崎・岡崎などと共に銚子もB29の夜間焼夷弾爆撃を受け、駅周辺から観音様にかけての繁華街が全て焼き尽されてしまった。なにしろ一発の焼夷弾は、一度空中で炸裂し、七十二発の焼夷筒に分散されて、火の雨となって地上に降りそそいで来るのだから防ぎようがない。
伯母は着のみ着のまま国泰を背負い、教郎の手をひき、火の粉をかいくぐって必死に逃げた。そして翌日、二人は再び八日市場へ戻された。

国泰は少し気が変になりかけていた。母親のように慕っていた前の家の奥さんから、ある日突然突っ放され、怖い目に遭いながら東京から八日市場へ、八日市場から銚子へと、戦火の中を転々と親類中をたらい回しにされて、それはまるでめまぐるしい時の流れに翻弄され押し流されてゆく、一片の病葉《わくらば》のようなものだった。

罹災して二ヶ月。右腕を無くした父と、乳飲児《ちのみご》の六男康浩をおぶった母と、僅かばかりの手荷物を持った私とが、瓦礫の街と化した東京を逃がれて、満員列車にゆられ、やっと八日市場に辿り着いた時、伯父の家の子をおぶった勇を始め、啓悟が、教郎が、裸足《はだし》のまま表通りまで飛び出して来たのに、国泰の姿が見えない。

「国泰は？」

と、訊き糺そうとした時、木下闇《このしたやみ》の薄暗い路地の奥から、伯母に手を引かれ痩せこけて蒼白い顔した国泰が、一番あとからのろのろと出て来た。

「父ちゃんだよ」

「母ちゃんだよ」

けれど国泰はキョトンとした眼で父母の顔を見上げるばかり、なんの感情も示さなかった。片腕に抱き上げた父の眼に涙が光った。

生前葬

伯父に召集令状が来た。

「儂みてえな四十男まで駆り出されるようじゃ、どうやらこの戦争日本の敗けだな」

髭面の伯父は破顔一笑、私に向って唇に一本指を立て、コップの冷酒をきゅーっと呷《あお》って出征していった。壁に耳あり。もしこの言葉が憲兵の耳にでも入ったなら、即しょっぴかれたに違いない。

私たち一家は、八日市場からさらに一里ほど奥まった豊栄村へ引越してゆくことになった。伯母はずっと此処にいても構わないからと言ってはくれたが、その厚意に甘えていつまでも、大勢で厄介になっていることも出来なかったのだろう。

引越先は母方の今は亡き祖母の生まれた家だった。小高い丘を背にして緑がふかく、草葺きの屋根、大黒柱、広い農家の庭先を放し飼いの鶏がゾッゾとよぎり、豚はよく肥え、長屋門脇の薄暗い小屋の中で安眠を貪《むさぼ》っている。天下泰平、どこで戦争をやっているのだろうと錯覚しそうな、のどかな田園風景だった。裏庭には小さな池もあり、草花が咲きこぼれ、鯉が泳いでいた。その池へ竹筒を渡ってしたたり落ちる冷たい清水に、私達はかわるがわる両手で掬《すく》っては喉をうるおし、やっと大きく深呼吸をすることが出来た。弟達はすぐにこの家の赤犬と仲良しになった。

飯倉本家では、東京で焼け出され何も彼も失って帰ってきた私達一家のために、昔、養蚕をしていた離れの八畳一間の物置小屋と、五十坪ばかりの薩摩芋畑を貸し与えてくれた。

夕焼雲を満載して牛車が歩む。紫にたそがれる木立の中に立ち昇る竈の煙。雑木林を散策すれば、畑帰りの鎌を手にぼでい籠を背にした村の老婆が、私のような子供にまで「おあがりなさいましぇ」と、にこやかに夕刻の挨拶をくれる。道を訊けば噛んで含めるように教えてくれる。戦争でこすっ辛くなってきた世の中で、祖母の故郷の人達は、まだ少しも昔ながらの純朴さを失ってはいなかった。

時たま空の一角に爆音が轟き、それに怯えて国泰が眼を三角に吊り上げ、泣き出しても、

「大丈夫だよ国泰ちゃん。B29《ビー》さんは此処へは爆弾を落とさないとよ。国泰ちゃんの頭の上に爆弾は落とさないとよ」

飯倉分家の婆さんが優しく国泰を抱きしめて、頭を撫ぜ撫ぜ安心させてくれるのだった。これら飯倉の里の人達の情けが、戦火で傷ついた私達一家のこころを、どれほど優しく慰め癒してくれたことか。

だが此処にも大勢の兵隊達が駐屯していて、間近に迫った本土決戦に備えて、裏山の丘陵地帯に幾つもの大きな穴を掘り、陣地構築に汗していた。夜になると兵隊達は山を降り、村の農家に風呂をもらいに来る。

「ねえ兵隊さん、敵ここから上陸してくるの?」

「そうよな。九十九里浜は遠浅だからな」

「戦争勝つ？」

「勝つさ！」

若い将校は炉端にどっかとあぐらをかいて茶をすする。徴兵で駆り出されてきた中年兵達は、勧めてもなかなか手を出さない。が、そのうち一番年嵩《としかさ》の不精髭があぐらを正座に改めて、自分の伜《せがれ》ぐらいの将校に向い、

「自分らも、かき餅頂いてよくありますか」

伯父も今頃はどこの空の下で、このようなみじめな軍隊生活を味わっているのだろうか。日本の召集徴兵年齢は、最終的に四十五歳まで引き上げられていた。

この頃、沖縄ではすでに組織的な戦闘は終っていた。米軍の戦死者は一万二千人。日本軍の戦死者は九万人。そしてこの地上戦に巻き込まれて死んだ沖縄県民は実に十万人にも達していた。国と国との総力戦だからとはいえ、いつの時代でも戦争で

一番ひどい目に遭うのは庶民であり、罪もない女子供達だった。

沖縄海軍司令官大田実少将は、玉砕する前に訣別電報の中で、沖縄県民の勇戦ぶりを詳しく伝え、最後にこう締めくくっている。

……沖縄県民斯《か》ク戦ヘリ。県民ニ対シ後世特別ノ御高配ヲ賜ランコトヲ

戦後半世紀を経たいま、日本は果してこの言葉によく応えているだろうか。

沖縄を占領した米軍は、いよいよ日本の息の根を止めるべく、さらに雲霞のごとき機動部隊を北上させて、まず艦載機群を放って青函連絡船をことごとく撃沈・大破して北海道を孤立させ、また日本海に潜水艦隊を放って本州・アジア大陸間の輸送海路を遮断した。

そして昭和二十年十一月には鹿児島県は志布志湾と吹上浜へ同時上陸。さらに翌年三月には千葉県九十九里浜と相模湾へ同時上陸。勿論その時には、これまでの戦闘とは比べものにならない大量の出血を覚悟の上で、日本本土上陸を決行する作戦

をたてていた。

一方、日本の大本営でも、米軍の本土上陸地点をほぼ正確に予測して、このところ九州及び関東で軍隊の移動があわただしかった。特に関東防衛軍は近衛第三師団の精鋭部隊を軸に、根こそぎ動員で駆り出した郷土兵達を九十九里浜一帯に手厚くばらまき、必死の守りを固めていた。


月夜の晩、私は独り小高い丘に登った。灯火管制のもと眼下の村は蒼白い月の光に濡れて息を潜めていた。時折り強い風が吹く。そのたびに林はざわめき、天上を流れる黒い雲の動きが疾《はや》い。低気圧が近づいているせいだろうか、それとも米機動部隊の大船団が、じわり近海に迫っているせいかもしれない。

ひとたび鋼鉄の台風が九十九里浜に上陸すれば、この美しい田園風景も、忽ち軍靴や戦車に踏み荒らされて、地獄の修羅場と化すに違いない。

私の生まれ育った東京下町も、一夜の空襲で何も彼も嘘のように消滅してしまった。幼友達ともチリヂリバラバラ。同級生達はいま何処《どこ》にどうしているだろうか。考えてみると私はここ二、三年の国の運命とともに、なんと大きく激変してしまったことか。

私は頭のうしろに両手を組んで、草の上に仰むけざまに寝ころぶと、月と黒い雲の流れを眺めながら、いつか追憶の世界へと沈んでいった。

昭和十六年（一九四一）十二月八日。太平洋戦争が始まった時、私は国民学校四年生で十歳だった。

朝、学校で先生から真珠湾攻撃のニュースを聞いた時、私達生徒はもう勉強などはそっちのけで、誰もが興奮して、その劇的な奇襲作戦の成功と大戦果に酔いしれて、万歳！　万歳！　を繰り返していた。

日本は米・英・オランダ等の世界の列強国から包囲され、当時の情勢として到底飲むことの出来ない高圧的な交渉協定案を米国から突きつけられ、石油禁輸、資産凍結等の締めつけを受け、このままでは日本は戦わずとも自滅すると、先生から教えられていたからだ。だから痛快でたまらなかった。

真珠湾で米国の太平洋艦隊を一撃のもとに壊滅させた日本軍は、さらにマレー沖で英国が誇る不沈戦艦プリンス・オブ・ウェールズ及びレパルスを撃沈し、香港を占領し、フィリピンを占領し、ジャワ・スマトラ・ボルネオ・セレベス等、開戦わずか半年間で、東南アジア全域を制圧してしまった。

先生は言った。

「長年の間、白色人種の侵略を受け、欧米諸国の植民地として苦しめられてきた貧しい東南アジアの国々から、それらの駐留軍を一掃し解放した日本は、これからは大東亜共栄圏の盟主として、アジア諸国の人達とともに手をたずさえて歩んでゆくことになるから、今度のこの戦争を大東亜戦争と呼ぶ」

当時は産めよ殖やせよの国策を反映して、どこの家でも四、五人の兄弟はいた。だから私たち四年二組の生徒数も、現在は四十人が上限とされている学級編成基準を大きく上回って六十人もいた。そして軍国少年の私達は誰もがみな霞ヶ浦の予科練航空兵とか、陸軍幼年学校に憧れを抱いていた。が、私は江田島の海軍兵学校に憧れを抱いていた。動機は単純だった。姿勢を正し、短剣・制服制帽姿の精悍な先輩の容姿に憧れ、水泳が得意だったからである。

私が水泳を始めたのは小学校二年生の時だった。夏休みになると私は近所の子供達と誘い合せて馬込プールに泳ぎに行った。始めのうちは水にたわむれ、手足をおもいきりばたつかせていれば、それで充分満足だった。そのうち誰に教わるというのでもなく、ごく自然に犬かきを憶え、平泳ぎを憶え、胸を何度も打ちながら飛び込みを憶え、背泳ぎも出来るようになっていった。そして四年生の春、小学校が国民学校と改称され、その年の暮、太平洋戦争が始まった。

五年生の夏、私が自由形で泳ぎプールを往復して上がってゆくと、友達が手をたたき、

「敏ちゃんのクロール、手足のバランスがとっても綺麗で、すごく格好いいよ」

私自身には泳いでいる自分の姿など判らないので、「そうかい」とだけ応じたものの、日頃から良いは良い、悪いは悪いと遠慮なく言い合ってきた幼友達の言葉だったので、内心はとても嬉しかった。自信とは怖いものでこの日を境に私のクロールは、急速にそのスピードを上げていった。それまでは泳ぐたびに水の抵抗を感じていたが、それ以降は水に乗る感じを掴むことが出来たからである。

六年生の夏、東京荏原区十六校の少年水泳競技大会が開催された。

「今度、江波戸君が我が校を代表して、自由型の選手として出場することが決まりました」

担任の宮本先生が私の家に来て父に告げた。

「うちの敏倫が、水泳の選手に？」

父にすれば無理もなかった。小学校に行くようになってから、やっと医者の厄介にならずに済んではいるものの、学校から帰ってくれば店の手伝いをするでもなく、すぐ二階の自室に引き籠って本ばかり読んでいる倅は、父の眼から見ればまだまだ腺病質で、内気で気弱な不肖の子としか映ってはいなかったからだ。だが先生から、

「学校では級長として、学課ばかりでなく、スポーツもまた優秀です」

などと世辞を言われ、

「いつの間に泳ぎなんて、憶えやがったんだろう」

父は私の頭に手をのせて嬉しそうに笑った。


水泳大会の当日。シャワーを浴びてスタート台の上に立った私は、始めて他校の選手達を相手に泳ぐ緊張感から、心臓はドキドキ高鳴っていた。それとなく左右の選手の様子を窺うと、いずれもみな落着き払っていて自信ありげに見えた。

(ビリになったら嫌だな)

私の脳裏にチラと気弱な思いがよぎった。この時背後でピストルが鳴った。私は弾かれたように飛込んだ。なぜか水の抵抗を強く感じた。そんな自分がじれったく

私は夢中で左右の水を掻き分け進んでいった。プールの真中あたりで顔を上げた時、来賓席で榎本校長先生と宮本先生が、にこやかに並んで観戦している姿が見えた。

(がんばらなくっちゃ)

私はバタ足のピッチを上げていった。

自由型の二十五メートルと五十メートルの二種目で、私はいずれも一着をとった。

その帰り両先生からお誉めの言葉を頂きながらも、

(俺、本当にそんなに速かったのかな)

すぐには自分の実力を信じられない思いだった。


この頃、日本はガダルカナル島の決戦に破れ、北方ではアッツ島守備隊が全滅し、最前線で指揮を執っていた連合艦隊司令長官山本五十六大将も、ソロモン群島の上空で戦死し、戦局は大きく移り変ろうとしていた。

大本営は退却を転進という言葉で逸《そ》らし、全滅を玉砕という言葉で飾り、ミッドウェー海戦その他の惨敗を、ひた隠しに隠して発表していたが、国民も開戦当初の連戦連勝の酔いからようやく醒めて、次第に気難しい顔付きに変っていった。

国内では物資がなにもかも欠乏して代用品ばやり、生活必需品を買うにも大変だった。そして街角や学校には、「ぜいたくは敵だ」「足らぬ足らぬは工夫が足らぬ」「欲しがりません勝つまでは」等の標語がベタベタ貼られ、毎春卒業する六年生の恒例の一週間の関西修学旅行も、私達の学年からは取り止めになった。

このように深刻化した情勢下でも、私達子供の世界では遊ぶゴム毬《まり》も無かったが、それでも相撲・水泳・騎馬戦と素手で遊ぶことにはこと欠かず、国内ではまだ比較的に平穏無事な日々が続いていた。

だが学校では、こうした戦局の影響をもろに受けて、週に二時間の軍事教練の時間が採用され、その時私は朝礼台の上に立ち、大声を張り上げて号令を下し、校庭いっぱいに整列した全校の生徒千二百人を手足のように動かして得意の絶頂にあった。

そして昭和十九年三月。私は六年生総代として校長先生から賞状を受け、社松国民学校を卒業した。

「敏倫か？　いま頃まで何処《どこ》ほっつき歩いていたんだ」

物置小屋の戸を開けると、奥の薄暗い八畳一間の座敷から、母の叱声《しっせい》が飛んできた。

「丘の上で月を眺めていたんだよ」

「馬鹿奴《やつ》めが、いま何時だと思ってるんだ。夜中だぞ」

弟達は昼間の遊びにくたびれてか、頭を並べて寝入っている。その端にもぐり込もうとした私だが、意を決して母の枕元に正座した。

「母ちゃん。俺、東京に行ってもいいかな」

「なんだって？」

母は半身を起した。

「いま日本は大変な時だろ。大学生だって学問を捨て、雨の中、学徒出陣で神宮外苑から戦場へと行進していったし、敵艦に体当りする神風特攻隊だって、皆二十歳前後の青年だっていうし、皆、日本を守るために自分を捨てて闘っているのに、俺、何もしないで此処にこうして暮らしていて良いのかな。同級生達はいま皆んな勤労動員で三鷹の軍需工場で働いている。零戦のエンジンを作って働いているんだ。だから俺もそこへ行って、皆んなと一緒に働きたいんだ」

母はしばらく絶句していたが、

「なにも今さらお前みたいな子供が独り、ノコノコ東京へ出掛けて行かなくたって……。父ちゃんが負傷しているんだよ。毎朝戸を開ければ腹をへらしたお前の小さな弟達が、燕の子みたいに口を開けて餌を待っているんだよ。大変なのは家だって同じじゃないか。此処で畑を耕し芋を作ることだってお国の為と、どうして思わないんだい？」

だが子供の頃から忠君愛国の教育を受けてきた私には、こんな母の言葉は耳に入らなかった。それに私はこの時すでに感じていたのだ。このまま戦争が長びけば、おそらく日本という国は滅亡するに違いない。そして父も母も弟達も、遅かれ早かれみな死ぬに違いない。だったら日本滅亡の最期の姿を、死ぬ前に首都東京でしっかりこの眼で見とどけようじゃないかと。

このとき私に背を向けて寝入っていたとばかり思っていた父が半身を起し、切断された右腕の傷口を左手で押さえながら、

「敏倫は子供の頃から泣き虫のくせに、妙に強情なところがあって、一度言い出したら誰の言葉も聞かない奴だった。だからお前の好きなようにしろ。こんな気儘《きまま》な性格に育てたのも、親として父ちゃんや母ちゃんにも責任がある。だからもう何も言わない。お前の好きなようにしろ」

私が東京へ出発する前日、父は私を連れて八日市場にある東栄寺の門をくぐった。先祖の墓に花香を手向け、石段を登って本堂に上った。そこには住職が正座してい

た。早速燈明を点じ香を焚《た》き長い読経が始まった。木魚の音、鐘の音、父は頭をふかく垂れ瞑目している。私は時々薄眼を開けて、くゆりの行方を眼で追いながら、さびのある読経の声を聞いていた。

石段を下り仁王門を出たとき私は訊いた。

「今日は誰の法事だったの？」

父は笑って答えた。

「お前のさ。この先お互い別れ別れのまま、いつどこで死んでもいいように、お前の生前葬をやってもらって来たのさ」

東京杉並区大宮前、都立十中（西校）の教員室の真上に当たる二階の図書室が、私の寝泊りする部屋に宛てがわれた。そこにはすでに同じく焼け出された三年生と四年生の先輩が二人いた。早速電熱器で御飯の炊き方など教えてくれた。外食券が配布されるまで三日ほどかかったので、上京の折、母がリュックの底にしのばせて持たせてくれた一升の米が、本当にありがたかった。水加減が判らず初めて炊いた御飯は芯のあるがんだめしになった。おかずは何も無かったので、ごま塩をふりかけて喰った。

転入手続きの面倒なこと。区役所の窓口の人の不親切なこと。やれここの書き方が間違っている。ここに一つ印が足りないなぞと、その度に私は区役所と町会の間を二度も三度も往復しなければならなかった。

隣組長宅へ印をもらいに行った時だ。玄関の戸を開けると座敷の向うに台所が見え、奥さんが天麩羅を揚げていた。戦時下、天麩羅なんてめったにお眼にかかれない御馳走なので、その香ばしい匂いに私の喉仏がゴクリと鳴った。その瞬間悪いところを見られたとでもいうように、境の障子がピシャリと音高く閉められた。私のこころに冷たい風が吹き抜けた。そうか。これが世間の風というものか。

体当りを見た！　くっきり晴れた渋谷の上空。科学の粋を集めた巨大な四発の空の要塞B29の編隊が、次々と銀翼を連ね我がもの顔に、東京の上空を東から西へと飛んでゆく。と、この時日本の戦闘機が僅かに一機、その最後尾のB29に喰らいつき果敢に攻撃を加えていった。その大きさはまるでお盆とピンポン玉ぐらいの差があった。でも地上から見ている私達は皆「がんばれ!」「やっつけろ!」と口々に声援を送った。日本の戦闘機はいくら撃っても堕ちないB29に、次の瞬間いきなり体当りを敢行した。が、鎧袖一触《がいしゅういっしょく》、戦闘機はバラバラに空中分解して堕ちてしまったが、当のB29は片翼の一基のエンジンから微《かす》かに白い煙を噴いただけ、編隊を少しも乱さず西の空へと飛び去った。

私はこの一瞬の光景から、日米両国の軍事力の差、経済力の差、国力の差をまざまざと思い知らされた気がした。それを百も承知の上で、なぜ日本は対米戦争に踏みきったのか。正に狂気の沙汰としか思えなかった。

「チキショウ!」

西方に消えてゆくB29の編隊を血走った眼で追いながら、鉢巻姿の爺さんは、竹槍を天に振り回しながら地団駄《じだんだ》踏んで悔しがった。
久我山に敵機が墜ちた。瀕死の重傷を負った飛行士を誰かが竹槍で突き殺したという。戦局の悪化に従って、人は人のこころを失い始め、異常にトゲトゲしく荒《すさ》んでいった。

昭和二十年八月六日　広島に原爆投下。
　　八月八日　ソ連、対日宣戦布告。
　　八月九日　長崎に再び原爆投下。

日ソ中立条約を踏みにじり、突如、火事場泥棒的侵略を開始したソ連の暴虐。そして大量殺人兵器原爆が瀕死の日本にとどめを刺した。だが米国はこの恐るべき核兵器を、なぜ予告もなしに投下したのか。しかも二度までも。人類の歴史が続く限り、この戦争犯罪に時効は無い。
弁当箱も包めない半紙大の新聞に、広島に落とされた新型爆弾の記事が載っていた。たった一発で広島が全滅したという。

「もしこの新型爆弾がだな、東京は皇居の真上に落ちたとするとだな」

四年生の先輩は新聞を読みながら、

「どうやらこの辺も駄目なようだな。もう逃げるのよそうぜ。三人一緒に此処で死のう」

その夜また空襲警報が鳴った。だが私達三人は中学二階の図書室に寝たまま逃げ出そうともしなかった。

やがて夜空の彼方から、幾条もの探照灯に支えられ、不気味なＢ29の爆音が近づいて来た。久我山高射砲陣地から一斉射撃が始まった。耳が痛い！　私は頭から布団をかぶった。三年生の先輩が弾かれたように飛び起きた。乱暴に寝間着をかなぐり棄てた。白褌《しろふんどし》一本の裸になった。

「見てくれ。郷里台湾の高砂族の踊りを！」

先輩は痩せ細って肋骨の浮き出た胸をポンとたたき、白い歯並みを見せて哄笑《こうしょう》した。大地を威圧する爆音の轟き、高射砲の音がまた狂ったように夜空に吠えた。ビリリと震える窓ガラス。それを思い切り強く開け放った先輩は、口に手を当て奇声一番、中腰の尻をピシャピシャ両手で叩きながら、星くずを摑まんばかりの勢いで踊り始めた。床を踏み鳴らし跳ね回り、日焼けした黒い肌は射し込む月の光に蒼く濡れて清らかだった。

私は正座してこれを眺めた。この光景がこの世における最期の眺めになるやも知れぬと襟を正して。

踊れ踊れ踊り狂え！　世の終焉まで。

昭和二十年（一九四五）八月十五日　終戦の詔勅下る。

夜明けまでも

うだるような暑い日だった。むせっかえるような草いきれ。裏山で蟬がうるさいくらいに鳴いていた。勇が町までお使いにゆき、家に帰ってくると「戦争が終ったよ」と母が言った。その顔は日本が戦争に敗けたことよりも、これでもうお互い殺し合いはしなくて済むんだという、どこかホッとした安堵の表情になごんでいた。
勇は掌の中に捕えた蟬を放してやった。

村では、さまざまな流言蜚語《ひご》が飛び交っていた。
「玉音放送にまだ承服しない青年将校達が、本土決戦、徹底抗戦を叫んで酒を飲み、銃を乱射し、軍刀を振り回し、街中で暴れ回っているそうな」

「敵さんが乗り込んでくれれば、儂ら役に立たん老人や子供達は、みんな銃殺になるんだべ。娘や若い女達は狩り出され、慰みもんになるんだべ。男達は去勢されてよ。死ぬまで牛馬みてえに扱《こ》き使われるに違えねえ」

「おお、やだよ」

女は噂の輪から独り抜け、笹藪に向い、着物の裾をまくって立小便した。


敗戦の日、私は中学二年生で十四歳だった。親元を離れて勤労動員で、東京は三鷹の軍需工場で働いていた。これで自分も少国民の一人として、微力ながらも国のために尽しているのだという思いがあった。だから玉音放送を聞いたとき、私は一時虚脱状態になった。級友の一人も同じ思いで、零戦のエンジンをスクラップ場へ力まかせに投げ棄てながら、

「どうせ負けると判っていたんなら、なぜもっと早く両手を揚げなかったんだ。せ

めてもう一年、いやもう半年早く戦争が終っていたら、どれだけ多くの人が助かっていたことか」

同感だった。戦争末期の半年間で、日本はB29による無差別爆撃だけでも、全焼半壊焼の家屋二百四十万戸、罹災者は八百万人、死傷者は五十万人というおびただしい被害を出していたからである。それに我が家も焼けなかったろうし、父も右腕を無くさずに済んだはずだ。そして県民の四人に一人が死んだというあの悲惨な沖縄の戦闘も、広島・長崎への原爆の投下もなかったはずだ。

「だがもしこの戦争が、もう半年先まで続いていたとしたら？」

私は言った。級友達はお互いに顔を見合せ黙ってしまった。

九月に学校が再開された。そして私達生徒がまずやらされた作業は教科書の墨塗りだった。教師に言われた箇所を、皆は黙々と黒く塗りつぶしていった。だが私にはその必要は全く無かった。なぜって教科書もノートも筆記用具も、空襲のとき全て灰にしてしまっていたからである。だが、これから世の中が大きく変っていくのだということは感じていた。軍国主義が崩壊し、新たに自由主義平和国家として日本が生まれ変ろうとしていたからである。

ただ教師の中には近頃やたらと欧米文化を礼讃し、日本文化を否定する者もいて、その変り身の早さに、私は内心軽蔑と嫌悪の情を禁じ得なかった。戦時中「鬼畜米英、我らの敵だ！」と、生徒達をさんざん煽《あお》っていたくせに。

ほこりっぽい焼跡道を罹災者がゆく。ぼろ纏《まと》い子の手をひいて。失業者がゆく。首うなだれてあてもなく。復員兵がゆく。雑嚢袋をかかえ、くたびれた軍靴を引きずるように。これら夢遊病者の群れを大股で追い越し、進駐軍の兵士が廃墟の町を濶歩してゆく。栄養のゆき届いた血色のよい顔、スマートな足。その足に蠅のようにまとわりついてゆく薄よごれた日本の子供達。

ギブ・ミー・チョコ

ギブ・ミー・ガム
ギブ・ミー・スモーク
この光景を胸を反《そ》らし薄笑いを浮かべて眺めているのは、戦時中なにかと虐げられてきた朝鮮の人達だ。
（ざまあみろ。いい気味だ。お前らは敗戦国の国民だ。四等国の国民だ）
この時、街の十字路でジープが停った。どうやら運転台の米兵が通行人に道を訊いているらしい。後方の座席には年配の脂《あぶら》ぎった赤ら顔の将校が乗っていた。その毛むくじゃらの左手は、傍らの日本娘の肩を抱き、右手は膝へ割り込むように置かれていた。娘は細いうなじを朱に染めて、ハンカチで顔を隠し、黒髪をふるわせてうつむいていた。私は将校を正視した。相手は私をにらみ返した。私は視線をそらさない。相手は濁った目玉を大きく剝いて、嚙んでいたガムを吐き捨てた。
「サンキュウ」
どうやら道が判ったものか、運転台の米兵も乾いた路上へ半分も吸わない煙草を捨てた。それに忽ち五、六本の手がたかる。ジープはそれらに砂塵を浴びせ走り去った。私の視線がそれを追い、再び元の地点に戻ったとき、周囲の人達は一本の洋モクと共に消えていた。太陽は高く私の心は怒りに沈む。私は路上のガムを踏みにじりながら、いつまでもその場に立ち尽していた。

父が上京してきた。中学二階の図書室に一泊した。土産は白米《ギンシャリ》のおにぎりだった。父は二人の先輩にもそれを一個ずつ手渡して挨拶した。

蒸し暑い夜だった。窓の外に蚊柱が立った。蚊帳が無かった。蚊取り線香も無かった。近所から杉っ葉を手折《たお》って来て蚊燻《かいぶ》しを焚き、蚊を外に追い出して窓を閉めた。そして二人の先輩は頭からすっぽり敷布を被って先に寝た。父と私は夜おそくまで話をした。

「毎日、きちんと食べてるか?」

「うん」

「田舎へ帰ってこないのか？」

「うん」

上京して来る時、私は父から生前葬までやってもらって来た手前、いくら東京が食糧事情が悪いからといって、そう簡単に田舎へ帰るわけにもいかないと思った。それにあの時は本当に今生の別れを覚悟しての上京であり、日本滅亡の最期の姿を見届けようとした気持ちにも嘘は無かった。だが生き延びてしまった。そこで今度は日本が戦争に負けて、外国に占領されて、開闢《かいびゃく》以来初めて味わう屈辱を、苦痛を、混沌を、どさくさを、この眼でしっかり見届けておこうと考えが変った。

「毎日きちんとめしは喰えよ」

「うん」

父はどうやら闇屋仕事で、田舎と東京を往復して生計を立てている様子だった。だが大きな荷を担ぎ、長時間すし詰めの満員列車に揺られ、夜おそく片腕一本で自転車をころがし、八日市場駅から飯倉の里まで一里のでこぼこ道を帰ってゆくのは、さぞきつい仕事であるだろう。

私は父が軽い鼾《いびき》をかき始めるまで、うちわで父の軀を煽ぎ続けた。父は頬もこけて、筋骨たくましかった昔の面影はどこにも無かった。

翌朝早く父は発った。先輩が言った。

「昨夜《ゆうべ》、いい夢みたろ」

「うん」

「お前が眠った時から夜明けまで、お前の父さんずっとうちわで蚊を追ってたもんな」

それから一週間後、四年生の先輩が、

「五年生と一緒に繰り上げ卒業だとさ」

と言いながら身の回りの物を片付け出て行った。そしてその三日後、今度は三年生の先輩が、

「俺も親類の家へ居候することになったので」

と引越していった。

広い図書室に私独りだけになった。夜が長かった。ひもじさと寂しさをまぎらすために、私は手当り次第に本を読んだ。修養書があり、随筆があり、詩集があり、紀行文があった。

ある時、私は何の気なしに『文章軌範』という分厚い漢書を棚から抜き取った。そしてパラパラと捲《めく》ってゆくと李華（?～七六六）という人の書いた「弔古戦場文」が目にとまった。読むとその最後の一節が現在の日本の現状にピッタリでこころ魅かれた。また樋口一葉が愛誦《あいしょう》していたという蘇東坡（一〇三六～一一〇一）の「前赤壁賦」も載っていた。

部屋の隅の小皿の上に、先輩が置土産として残していったリンゴが一個載っている。すぐにも丸齧りしたい気持ちであったが、ただ食べてしまうのは勿体無い気がして、しばらくの間眺めていたが、いまこれを見た瞬間、私は良い事を思い付いた。

（そうだ。樋口一葉が暗誦したという「前赤壁賦」を、私も暗誦出来たらこのリンゴを食べることにしよう）

三日後、私はそのリンゴを齧ることが出来た。その時の満足感と旨かったこと。後年、私が詩人仲間の中で、多少なりとも詩の暗誦で知られるようになったのは、少年の日のこの期間、ひもじさに耐え、独り暗誦に励んでいたせいかも知れない。

私が寝泊りしている都立十中は、中央線西荻窪駅から徒歩で二十分。井の頭線久我山駅から十分。武蔵野の面影が残っている緑の多い閑静な住宅地にあった。そして久我山駅から約十分。三つ目の駅が吉祥寺で、戦時中はここで乗り換え三鷹の軍需工場に通っていたのだが、今はこの駅の南改札口を抜けて階段を降りる。

線路沿いの道を西に向い、踏切りのT字路を左折する。するとそこに私の目指す小さな外食券食堂がある。のれんをくぐると五坪ばかりの店内に粗末なテーブルが並び、労務者風の男が三人、時分時《じぶんどき》過ぎの飯をかき込んでいた。私は外食券を二枚出し隅のテーブルに腰をおろす。今日で絶食して三日目だ。足がむくんで軀がだるい。

もし田舎で暮らしていれば、両親はたとえどんなに困っていても、三度の食事は何かしら喰わせてくれただろう。今が育ち盛り喰い盛りの私にとって、到底一枚ぽっちの外食券だけでは足りず、そこでつい後先の考えもなく、あるうちは二枚三枚と余分に使ってしまい、その結果、次回に発行されるまでの何日かは水ばかり飲んで我慢するしかなくなってしまう。こんな出鱈目な喰い方を始めてもう幾週間になるだろう。膳が来た。今の御時世中学生がたった一人で外食券食堂へ喰べに来るのはめずらしいらしく、親爺は言葉を掛けてきた。

「日本は戦争に負けたんだ。アメリカの奴隷になったんだ。奴隷に学問なぞ要るのかね。学生さん。あんたいま学校で何を習っているんだい?」

私は何も答えず、ただ黙々とめしを喰う。大豆が半分混じっているめしを。喰ったあと水を飲む。ベルトを弛めもう一杯飲む。腹が膨れて久しぶりに満腹だ。しょっぱいのれんを分けて外に出る。

鬱蒼と大樹が生い繁っている井の頭公園は、長年の戦争とその果ての敗戦で、人心の荒廃もかくやと思えるほど見るも無残に荒れ果てていた。池面も遊歩道もごみ屑だらけで薄汚れ、花も無く、柵は壊され、樹木は折られ、何もかもが疲弊しきっていた。

中央広場の便所で用を足そうと近づくと、なんとその入口から便器にかけて、床一面に足の踏み場もないほど糞尿の山が垂れ流されてあって、とても用を足す気にはなれず引き返そうとした時、その一番奥の扉が開いて、中から痩せ細った半裸姿の老人が、幽鬼のように眼玉ばかりをぎょろつかせ、歯ブラシをくわえて出てきたのには驚いた。どうやらこんな穢《きたな》い所でも平気で住居として専有しているらしい様子だ。

(敗戦直後、東京ではB29に家を焼かれた九万三千世帯の人達が、焼跡の壕舎やバラック小屋に住んでいた)

私は壊れたベンチに腰を掛け今月残りの外食券と金を算《かぞ》える。金が多い！　食堂の親爺が釣銭を間違えたのだ。しめた！　私はほくそ笑む。が、小石を蹴って踵を返した。

「こいつはどうも」

頭をかきながらペコペコする親爺に私は言った。

「こうゆうことを学んでいるんです。学校で」

戦後の日本は飢えとインフレとの闘いから始まった。敗戦直後、国民一人当りの主食配給量は一日二合三勺。平均摂取量は代用食・副食を含めても僅か一五〇〇キロカロリーだった。そして政府は今秋の米作予想高を、戦前の平年作の約半分、四千二百万石と弾き出し、ラジオは公然と来春一千万人餓死危機を報じていた。

特に大都市東京での食糧事情の悪化は深刻だった。遅配・欠配が続き、庶民は代用食の芋を求めてリュックを背負い、満員列車の屋根の上まで乗り込み、近県の農村地帯に買出しに出掛けた。インフレの進行で衣料品等での物々交換が常識だった。また焼跡の闇市で公定価格の何十倍もの値段で売っている食糧品を、財布と相談しながら買い求め、かろうじて飢えを凌いでいた。

高級着物を一枚一枚愛着を絶ち切って食料に換えるタケノコ生活者は、それでもまだ幸せな方だった。戦災で家を失い家族を失った年寄り達や、外地から引き揚げて来たものの身寄りも無い母子達に、どんな救いがあっただろうか。その人達が収容されているおんぼろアパートから今日もまた一人、「お芋が食べたい」と、五歳の女の子が栄養失調で死んでいった。

私も年中腹をすかせていた。昼食時はいつも教室を抜け出し、水道の水をがぶ飲みして草に寝転び雲を眺めた。雲の形がいろいろな食べものを連想させた。家が恋しかった。体操の時間は軀を動かすと腹がへるので、具合が悪いと言ってベンチに腰掛け、校庭いっぱいに駆け回る級友達の姿を眺めていた。

放課後はいつも決って吉祥寺駅前の闇市に向った。別になんのあてもなかった。ただ人混みの中をいろいろな匂いを嗅ぎながら、野良犬のようにほっつき歩いた。栄養失調になった。顔や足がひどくむくみ動悸がし、階段は昇ることが出来ても、手摺が無ければ前につんのめりそうで降りることすら出来なくなった。そして一日置きに不眠の夜がやって来た。柱時計が一時を打つ。二時を打つ。三時を打つ。明け方ほんの少しの間トロトロする。だから昼間の授業時間は頭がぼうっとして先生の言葉がよく耳に入らない。勉強がつまらなくなってきた。乱暴な言葉がすぐに口を衝《つ》いて出た。日に日に荒んでゆく自分の心が自分自身にははっきり判った。判っていながらどうしようもなかった。

もしこの時、不良仲間が現われて、後ろからひょいと肩を突いたら、私は坂を転がる石ころのように転落の道を辿っていたに違いない。こんな私の目の前に、救いの手を差し伸べてくれたのが同級生のK君だった。

逃避

久我山駅から南西へ一粁。玉川上水が流れている。そこでもっこを担いだ五人の自警団員の一行と擦れ違った。筵《むしろ》からしずくがボタボタと垂れている。

「土左衛門だよ」とK君が言った。

「今日またあの上流の柵にひっかかって揚がったんだろう。この川で自殺する人が多いんだ。だからこの辺の人はこの川のことを人喰い川って呼んでいる」

川幅はわずか二間ばかりの狭い川だが、橋の上から覗くと長い水藻が密集してからみ合い、川面近くまで伸びていて、落ちたら忽ち足をからまれ、川底ふかく引きずり込まれていきそうな薄気味悪い川だった。

橋を渡ると道路の左側に岩崎通信機K.Kの工場、右側に岩崎学園の校舎が建っていた。学園には久我山中学、久我山工業、久我山大学の三校があった。そしてこの学園の常務理事長がK君のお父さんだった。私の新しい生活が始まった。

朝六時起床。学園内の新聞配り。本館正面玄関わきの植込みの雑草取り。七時半、岩崎通信機K.Kの大食堂で少年工の人達と一緒に朝食。それからK君と一緒に都立十中へ登校。下校して十六時から十七時までは正面玄関の受付け。それからまた岩崎通信機K.Kの大食堂で少年工の人達と一緒に夕食を摂り、隣接の大浴場で風呂に入り、十八時から二十一時までは夜間工業学校の給仕の仕事。そして日曜日は本館二階の大講堂の清掃。

これで月三十円の小遣いがもらえた。当時やはり住み込みの学園お抱えの建具大工さんの月給が三百円であった。

日本人誰もが食糧難であえいでいた敗戦直後の混乱期、親元を離れて食うや食わずの浮浪児同然の暮らしをしていた十四歳の私にとって、満腹とはいかないまでも規則正しい食生活を提供してくれたK君の厚意は、本当にありがたいものだった。

夜、学園の中庭に面した用務員室で、私は住込みの小父さん、小母さんと三人で寝る。小父さんの名は菊谷軍次郎。少し猫背で歩く姿も蟹股《がにまた》だけど、顔は写真でみた乃木大将そっくりで、

「皆さんからも、よくそう言われます」

入口近い六畳の間に一人で寝る。小母さんの名は高橋たか。奥の八畳の間に私と一緒に寝る。

高橋さんは寝物語に、芝居の話や歌舞伎役者の話や花魁の話をしてくれる。「ありんす」とか「くんなまし」等の廓言葉を操りながら、輿に乗ってくると立膝に長煙管をくわえての流し目のポーズまでやってみせてくれる。

「昔の女《ひと》はズロースなんか穿いてやしないからね。チラと奥が見える。そうやって客の気を魅くんだよ」

理事長は大きな眼玉に光があり、めったに笑顔はみせない。岩崎通信機K.Kの工場内に一軒家があり、そこで家族と一緒に食事は摂るのだが、夜は学園に戻り、本館正面玄関脇にある宿直室に独りで泊る。

朝六時、本館と校舎を結ぶ渡り廊下の戸が開くと、高箒をかついだ理事長の姿が現われる。そして校舎内をくまなく歩き、天井の蜘蛛の巣などを払い落とす。その足音が廊下づたいに用務員室に近づいてくると、私はあわてて起き出し久我山駅前の新聞店まで走ってゆく。ここへ移ってきて間もなくの頃、

「どうも新聞の配達が遅くて困る」

こんな理事長の言葉を耳にした私は、翌朝から自発的に学園の新聞をこちらから取りにゆくようになっていた。なにしろ敗戦直後の混乱期。配達する人も余りいなかったのかも知れない。田舎の飯倉でも一週間分の新聞を、日曜日にまとめて爺さんが八日市場から届けてくるので、父などは「こいつは新聞じゃねえ古聞だ」と、苦笑していたからである。

手渡された十五部ほどのいろいろな新聞の中には英字新聞も三部ほど混じっていた。私は再び駆け足で学園に戻り、まず一部を理事長室に届ける。「ご苦労さん」と一言ある。それから学園内の校長室、教員室、事務室などを配って回る。

表玄関の植込みの雑草を取っていると、突然頭上の宿直室から能楽の謡をうたう理事長の、太くて渋い声が聞えてきた。判らないながらも畏敬の念を抱いた。

高橋さんは校庭の隅に繁っているあかざという名の雑草を摘み、ゆでて食べることを教えてくれた。またわざと左手に箸を持ち、少ない御飯をゆっくり食べる方法も教えてくれた。

菊谷さんは食事に一時間を費した。大食堂調理場脇の下水から野菜屑や米粒などを拾ってきてはそれを加え、小さなバケツで雑炊を作った。そして立て膝の上に茶碗を乗せて、湯気をフウフウ吹きながら、味も塩っ気も飛んでしまった糊みたいなものを、奥歯を嚙み鳴らしながら七杯も八杯もするのだ。赤痢や疫痢になると困るから下水あさりはせんようにと理事長から注意され、しばらくの間はやめていたが、そのうちまたこっそりそれを始めた。水っ洟をすすりあげ、目をつぶり、口を動かしているむくんだ顔が、一番幸福で楽しそうにみえた。

晩秋。誰もいない校庭の片隅、銀杏の葉が風も無いのに散っている。

今日は中学から早く帰ってきたので、夕食前に掃除を済ませておこうと思い、用務員室から鍵を持って中庭から校舎の西端にある夜間工業の教員室に向った。普段は長い廊下を足音立てて向うのだが、その日に限って中庭づたいに歩いてゆき、下駄箱のある出入口を上ってすぐ左にある教員室の前に立った。と、ガラス戸越しに先生方の机の中を物色している二人の少年と眼が合った。

「泥棒!」咄嗟に私は声を上げ、鍵を開けて飛び込んだ。それより早く二少年は侵入して来た窓から飛び降り逃げてゆく。

「泥棒!」私も夢中で飛び降りた。学校の裏手から道は西に向って延びている。逃げてゆく少年達は三人だった。どうやら一人は外で見張りをしていたらしい。野菜畑が拡がり人家が無かった。「泥棒！　泥棒！」私は連呼しながら追い掛けた。すると相手は一人は西へ、一人は南へ、一人は北へと三方向に散らばって逃げ始めた。咄嗟に私は、北の葱《ねぎ》畑を踏み荒らして逃げてゆく見張り役をしていた少年の後を追った。体力が一番劣っていると判断したからだ。そして遂に玉川上水の土手に追い詰め襟首を摑んだ。二人ともしばらくはその場にへたり込み荒い息を吐いた。

「イタ、イタ、痛いよ。その手ゆるめてくれよ。もう逃げはしないから」

少年は狭い額に皺を寄せ首をゆがませた。

その夜、私は教員室で教頭先生から、

「今日はお手柄だったね。あれから芋蔓式に逃げた二人の名前も判った。いずれも本校の生徒達でね。面目ない。警察に引き渡してもよいのだが江波戸君の考えはどうかね？　学校側としてはなるべく穏便にすませたいんだが」

「先生にお任せします」

その後、三人の生徒達にどのような処分が下されたのか私は知らない。でもこのことがあってから、それまで度々あった教員室でのこそ泥被害が無くなったことだけは確かである。私の給仕としての仕事は快適になった。

「坊や、お茶入れてくれないか」

「ハイ」

「二年B組の教室で電球が切れたらしい。取り替えてきてくれ」

「ハイ」

「坊や、今夜ちょっと大事な用があってね、一電車早く帰りたいんだ。済まないが終業のベル、十分早く鳴らしてよ」

「ハイ」

「なんだ。こんな易しい英文訳せないのか？　坊や、あんまり勉強出来ねえな」

「ハイ」

昭和二十一年（一九四六）一月一日。天皇の人間宣言があり、その年の二月から昭和二十九年（一九五四）に至るまで、廃墟と化した日本列島を、国民との触れ合いを求めて巡幸が始まった。一方、日本占領の最高司令官となったマッカーサー元帥は、婦人解放、農地改革、財閥解体、極東軍事裁判開廷と、矢つぎ早に民主化占領政策を推し進めていった。そして庶民は廃墟と化した街の中、戦後一層深刻化してきた飢えとインフレに喘《あえ》いでいた。

「食わせろ！　食わせろ！」五月十二日。世田谷の米よこせ区民大会。五月十九日。二十五万人が参加しての米よこせ食糧メーデー。

（詔書　国体はゴジされたぞ　朕はタラフク食ってるぞ　ナンジ臣民飢えて死ね　ギヨメイギヨジ）

こんなプラカードを押し立てて、皇居坂下門をくぐる事件も起きた。だが当時十五歳の少年であった私にとって、最も強烈な印象として脳裡に焼きついている事件は三つあった。

一つは歌舞伎役者十二世片岡仁左衛門一家五人が、食事の恨みから同居人に手斧で惨殺された事件。一つは「米を世話する」「いい買い出し口があるから」などと言葉巧みに誘われて、人気の無い山林に連れ込まれ、十人が犠牲となった婦女連続殺人暴行魔、小平義雄事件。そしてもう一つは法を守る裁判官として、闇米は一切口にせず、国の定めた配給だけで生活し、栄養失調死した山口良平事件のニュースだ。

日曜日。私は午前中、本館二階の大講堂の掃除を手早く済ませ、独り新宿へ遊びに出掛けた。

当時新宿の闇市は、駅の東口を尾津組が、西口を安田組が、南口を和田組が縄張りとし、関東圏内では新橋を取りしきっている松田組と並び、巨大な闇市を形成していた。狭い通路は買物客でごったがえし、両側にずらり並んだ露天からは活気に満ちた売り声が飛び交い、まるでお祭りみたいに賑やかだった。食べ物の店が多かった。その他衣料品、雑貨、日用品など、物資統制の網の目を巧みにくぐって売られていた。それればかりではなかった。進駐軍物資の横流し品まで堂々と売られていた。金さえあればなんでも買えた。そしてこれら喧噪を極める闇市の空に、「リンゴの歌」が流れていた。

突然、人混みの向うで騒ぎが起った。一青年が五人の若衆にかわるがわる殴られ小突き回され、葦簀《よしず》が倒れコッペパンが飛乱した。縄張りを荒らしたとでもいうのだろうか。大勢の買物客が遠巻きにこの光景を眺めていたが、やがてその中から声が揚った。

「もうそれ位で許してやれよ。俺達みんな同じ日本人じゃないか！」

若い衆の一人が屹度《きっと》鋭い視線を向けた。人垣の中から一人の若者が三歩前に進み出た。そして向ってきた若い衆二人を瓦礫の山に投げ飛ばした。飛行服に飛行帽、相手が命知らずの特攻くずれと察した若い衆達は一瞬ひるんだ。その隙に青年は、よろめきながら人混みの中に姿を消した。と、私のそばにいた十歳位の浮浪児も、目の前に落ちているコッペパンを摑むと、これまた素早く人混みに消えた。よっぽど腹をすかせていたのだろう。私はその浮浪児を咎めることは出来なかった。なぜって私自身今のいままで、そのパンを拾いたいと同じ想いに駆られていたからである。

背広姿の中年男が現われた。若頭だろうか。黒靴がピカピカに磨き上げられている。顎をしゃくって、

「一寸顔を借してもらいたい」

若者はうなずくと、背嚢を肩に男の後に従った。

「テメエら、見世物じゃねえぞ！」

若衆達は見物客に睨みを利かせながら、若者の左右、後ろを固めるように立去っていった。だが私の眼には若者が、若い衆達を従えてゆく英雄のように見えた。

新宿周辺はこの当時からすでに下町の浅草と並び、東京を代表する一大歓楽街だった。人々は食に飢え、活字に飢え、娯楽に飢えていた。その頃の娯楽といえば映画演劇。だが日本映画は進駐軍の命令により、仇討もの、心中もの、チャンバラ等

の時代劇は全て上映禁止だった。そこで客足は戦後洪水のように入ってきたアメリカ映画に吸い寄せられていった。

映画館の中には外観は崩れずに建っているものの、内部はすっかり丸焼けで、椅子一脚も無く、観客はみな立見でスクリーンに視線を向けていた。そしてカウボーイが冷蔵庫からビールを取り出し、足で蹴飛ばし扉《ドア》を閉めビールをラッパ飲みする場面や、クリスマスに牧師が七面鳥の丸焼きを旨そうに食ってる場面が映し出されると、観客はなんともせつない想いに駆られて、おもわず生つばを飲み込むのだった。

私は暗い館内に入ると、日頃の憂さを全て忘れて映像の世界に浸ることが出来た。当時の映画館は入替え制ではなかったので、私は同じ映画を二度も三度も繰り返し観た。最初の一回目でストーリーは判っているので、二回目からは台詞とか衣装とか音楽とか風景とか、さらには脇役達やチョイ役達の動きにまでも注意を払い、少しも退屈することが無かった。そして学校では到底学ぶことの出来ない多くのものを、私は一本の映画から学ぶことが出来た。

映画館を出ると外はすでに暗かった。急ぎ足で駅に向う。するとガード下にあちらに一人、こちらに一人、スカーフで頭を包み、ショルダーバッグを肩に煙草をくゆらせ、夜の女達が人待ち顔に立っている。二十歳前後の若い女性が多い。

彼女達のほとんどは戦災犠牲者だ。飢えた家族を守るために夜ごと巷《ちまた》に立っている。無一物に焼き出された者にとって、みずからの若い軀を売る以外、他にどんな手っ取り早い現金《ゲンナマ》を得る方法があっただろうか?

駅周辺に近づくと靴みがきの少年が多い。十歳前後だろうか。この子達も空襲で両親を失い、児童施設に引き取られたもののなじまず逃げ出し、浮浪児となって街をさまよい、駅構内にたむろし、上京してくる客達に食物をねだり、モク拾いや露天商の手伝い、靴みがきなどしながら暮らしているのだ。

同じ戦災を受けたとはいえ、私にはまだ父母もいる。兄弟もいる。友もいる。少ないにせよ食事もある。寝る場所もある。学校にも行っている。まだまだ幸せなほうだと私は思った。

「これから寒くなるのに、どこで寝るの？」

「その時はその時さ。東京を循環している山手線の電車の中かな」

浮浪児達にとって怖いのは狩り込みだ。だがそれを怖れているのは何も浮浪児ばかりではなかった。夜の女達も警察の狩り込みに絶えず神経を尖がらせながら、月冴える秋の夜寒に立っていた。

私は映画館で観た華やかな夢から急速に醒めて、再び眼の前の現実の厳しさに引き戻された。

岩崎学園の女性事務員達が退社してからの午後四時から五時まで、私は本館正面玄関脇の窓口で、独り本を読んで座っている。時たま来客があれば理事長に取り次ぎ、電話が鳴ればそれを受け用件をメモする。

電話が鳴った。岩崎通信機の交換台からで、電報の文面を知らせる電話だった。が、本文を読み上げる時、交換手は急に早口になった。今にして思えば、それは「いろはのイ」とか言うような一字一字を正確に伝えるための基本的伝達方法で、落着いて聞けばなんのことはなかったのだが、その時は初めてのことでどぎまぎしてしまった。ちょうどその時ドアが開いて入ってきたのが奈美さんだった。

「お電話代りました」すぐに私から受話器を受け取り、メモ用紙に電文を走り書きした。

「びっくりしたでしょう？　早口で」

私は黙って頭をさげた。笑顔の素敵な人だった。

「なに読んでるの？」

私の頰に黒髪が匂った。

「たけくらべ」

「一葉の、たけくらべ？」

私はうなずいた。

「随分難しいの読んでるのね」

「詩みたいに美しい文章だから」

そして眼を見張って驚く奈美さんに、私は『たけくらべ』の最終章の一節を暗誦してみせた。

このことがあってから、時々奈美さんは私が座っている机の上に、柿や飴玉や菓子などの小さな包みを、帰り際にそっと置いていってくれるようになった。栄養補給が出来て菊谷さんも高橋さんも喜んでくれた。

ある日、奈美さんは私に言った。

「今の世の中、どっちを見ても暗くって汚くって醜くって嫌なことばかり。でもね、この現実の姿をよく見ておくことよ。眼をそらしては駄目。文学って逃避じゃないでしょ?」

雪の朝、神社の境内に復員兵の行倒れがあった。筵からわずかに見える五本の指は、なにものかに縋りつきたい格好に曲っていた。

雪よ降れ、深く埋めよ亡骸を。戦争の悲惨さは、死者よ、何もお前だけのものでない。

万年筆

前の家の奥さんから手紙が来た。

戦争末期の東京大空襲の時、B29の絨緞爆撃で、私達の街は一夜を境に見渡す限りの焼野原となり、しかも父は焼夷弾にやられて右腕切断、生死の境をさまよっていた。そんな時、前の家の奥さんは背中におぶっていた国泰を私の手に抱き取らせ、

「一寸用があるから見てて頂戴」

そしてそのまま、独り郷里相模原へ逃げて行ってしまったのだ。その奥さんから飯倉にいる父母の許へ手紙が来たのだ。

「夫がまだ外地から戻らず心細くてなりません。一度国泰ちゃんを連れて、こちら

に遊びに来て下さい」

父は何度も読み返し、母にも見せて火にくべた。

「養子に欲しいと言ってたが、子供を本当に可愛がってくれたのではない。ただ犬猫を可愛がるように可愛がってくれただけだ」

「なに燃やしてるの？」

父の背中に国泰が近づいて来た。

「お前の過去だ」

「カコ？」

父は大きく頷くと、その小さな軀を膝の上に抱き寄せて、血の気のようやく差してきた幼い頬へ、無精ひげを押しつけた。

その翌日、村の世話役をしている古老が訪ねて来た。我が家の窮状を見るに見兼ねて、

「この際、一人でも二人でも寺へ小僧に預けては?」

母は答えた。

「ご心配をお掛けして申し訳ありません。でも、どんなに可愛がって下さるお人がありましても、もう金輪際子供達は成人するまで手放しません。たとえ三度の食事を二度に詰めても」

その夜遅く帰ってきた父は、母からこの話を聞いて、

「戦争も終ったんだし、いつまでも草ぶかい飯倉の里で、物置小屋に暮らしているわけにもいかないな。早く此処から出てゆく算段をしよう」

父は金策に出掛けた。昔、十二年間奉公していた太平醤油へ。だが大旦那はすでに隠居して家督は長男の健吉社長が継いでいた。話は体よく断られた。

「その時、何千円もする置物を骨董屋から買っていたのに」

父は帰って来て母に語った。その翌日から父は一層大きな荷を背負い、飯倉の山

の中から東京通いに精出した。焼夷弾でもがれた右腕の治療も静養も、ゆっくりしている暇はなかった。残った左腕に妻子七人、必死にぶらさがっていたからだ。

世は正に敗戦直後の狂乱物価で、駅で張り込む警察官の眼を掠め、水飴一斗缶一本を東京に運べば、小学校教師の一ヶ月分の給料に匹敵する利が稼げたという時代だった。そしてまた東総地域の各農家は、毎日薩摩芋を買い出しに押し寄せる都会の人達で、居ながらにして神武以来の好景気に沸いていた。

上野のアメ屋横丁は、当時闇屋横丁とも呼ばれ、上野駅から御徒町駅に至るガード下の三角地帯は、間口一間半から二間程度の小店が、蜂の巣のようにびっしり軒を連ねて立ち並び、色とりどりの飴玉を始め、海産物や食料品など所狭ましと並べられ、並び切れない商品はどの店も空箱の上に戸板を敷いて、道路の三分の一もはみ出させ、山積みにして売っていた。そして奥の棚には進駐軍物資の横流し品の缶詰や乳製品なども並べられ、狭い道路は一日中、往き交う買物客の群れで賑わっていた。

父はその日、空になった大きなリュックに、十枚一束のするめをぎっしり仕入れて帰途に就いた。

飯倉の坂は、今でこそ車で走れば別になんの変哲もない、舗装されたゆるやかな坂道だが、敗戦当時は石ころだらけの滑り易い急坂で、八日市場から片腕一本で自転車に乗って帰ってゆく父にとっては、この坂道がいつも最大の難所だった。充分注意はしていたのだが、坂の途中で足を滑らせ、荷台のリュックごと自転車を横だおしに倒してしまった。なかなか起き上がることが出来なかった。父はこの時ほど右腕を失くした自分自身に意地がやけ、恨めしく思ったことはなかったという。

運よく通りがかった隣村の人に援《たす》けられ、家に辿り着いたのは夜の十時を回っていた。その間、母はなかなか帰って来ない父の身を案じて、居ても立ってもいられず何度も長屋門の外まで見に行っていたという。

昭和二十一年二月。金融緊急措置令（新円旧円切替え）の時、父はいままで儲けた金を全部はたいて落下傘の絹地を買った。そしてあとでこれを処分して、家が一軒建つだけの古木材を手に入れた。

昭和二十一年三月。一千万人の飢餓危機はGHQ（連合国軍総司令部）の百万トンを超える緊急輸入食糧でなんとか突破し、五月三日からは市ヶ谷でA級被告の国際軍事裁判が始まった。そんな六月のある日、満州から富之助叔父が復員してきた。父より九歳年下の末弟で、五人兄弟の父にとって現在生きているのはこの弟一人きりだった。二人は手を取り合い涙を流して喜んだ。

牡丹江で終戦を迎え武装解除させられた叔父は、ソ連軍によってシベリヤへ強制労働に運ばれる直前、運を天にまかせて仲間四人と脱走し、昼は森の奥ふかい草むらに身をひそめ、夜は星を頼りに南へ南へと歩き続けてきたという。途中、匪賊《ひぞく》と遭遇し、仲間二人は射殺されてしまったという。

広東から船に乗り浦賀港に引き揚げて来たのだが、船内でコレラが発生、幾週間も海上で足止めをされ、ひどい目に遭ったと話していたが、本当にひどい目に遭ったのは、どうやら復員船に乗り込むまでの逃避行にあったようだ。

ある日、秘密の邦人宅に匿われ、その夜はこの家の奥さんの手料理で、久しぶりにあたたかい食事にありつき、生き返った心地で眠りに就いた。その夜更け、どこをどう嗅ぎつけたのか、武装した五人のソ連兵にドアを蹴破られ、土足のまま踏み込まれ、鼻先に銃剣を突きつけられた。その毛むくじゃらの兵士達の両腕には、これまで強奪してきた腕時計が五個も六個も嵌《は》められていた。

家人は一ヶ所に集められ、室内をさんざんに荒し回って金目の物を奪ったあとで、この家の奥さんが隣室に引きたてられた。そして鋭い悲鳴と濁声《だみごえ》と笑声が聞えてきた。戦友は立上った。

「これが男として黙って見ていられるか！」

丸腰で隣室へ飛び込んでゆき、忽ち銃剣の尻で頭を割られ昏倒した。その血が飛び散った部屋の中で、奥さんは剥がされ、替るがわる五人のソ連兵に輪姦された。

中学三年の夏休み。私は久しぶりに飯倉の父母の許へ帰り、一ヶ月間を弟達と一緒に過ごした。帰省した日、父は小屋の隅に置いてある大甕の中を覗いてみろと言った。覗くとその中に口切り一杯白米が入っていた。飢餓の東京から腹をすかせて帰って来た伜に、せめて飯だけは心配せずにたらふく喰ってゆけよとの親ごころだったのだろう。私の眼に熱いものがこみあげてきた。

夢のように楽しい一ヶ月はまたたく間に過ぎて二学期が始まった。

私は再び東京に戻り元の生活が始まった。朝六時起床、学園内の新聞配り、草取り、夜間工業学校の給仕の仕事、なにもかも以前と少しも変っていないのに、何かが足りないのだ。なんだろう？　そして気付いたのだ。二学期が始まってからまだ一度も奈美さんと顔を合せていなかったことを。

「アラ、知らなかったの？　奈美さん夏休みに辞めたのよ。なんでも今度は進駐軍関係のお仕事ですって、英語は出来るし、美人さんだし」

がっくりうなだれる私に、庶務係の若い女性は机の中から万年筆を取り出し、

「これ、奈美さんからあなたへって言付かっていたの。本を読むことも大切だけど、何か少し自分の思いを書いてみたらって、あなたにはそんな才能眠っているような気がする、奈美さん、そんなこと言ってたわ」

その夜私は黙って辞めていってしまった奈美さんが恨めしく、万年筆を握りしめ一睡も出来なかった。


太平洋戦争末期。日本軍が南方諸島で玉砕に次ぐ玉砕の壮絶な戦局を闘っていた頃、クリミヤ半島の保養地ヤルタでは、ルーズベルト、チャーチル、スターリンの米英ソ三首脳が集まり、はやドイツ占領後の分割問題やソ連の対日参戦の密約などが話し合われていた。

昭和二十年四月二十八日。イタリーのムッソリーニ首相がパルチザン部隊に処刑され、その死体が愛人クララの死体とともに街灯に逆さ吊りにされた。次いで四月

三十日。ドイツの首都ベルリンがソ連軍に包囲され、ヒトラーは前日挙式したばかりの愛人エバを道連れに、官邸地下室で自決した。かくて日独伊の三国同盟で残るは日本だけとなった。

ベルリンを占領したソ連軍は、直ちにその主力部隊をシベリヤ鉄道で西から東へ移動させ、米軍が広島に原爆を落とした二日後の八月八日、日ソ中立条約を一方的に破棄して、雪崩を打って満州の広野へ攻め込んで来た。

それを迎え撃つ日本の関東軍は、この時すでに精鋭師団の大半を南方戦線に持っていかれて張り子の虎も同然だった。圧倒的なソ連軍の攻撃の前にひとたまりもなく潰滅した。

ここで悲惨を極めたのは、楽土満州を夢みて日本から渡って行った開拓団の人達だった。いざという時には関東軍が守ってくれると信じていたのに。

棄民となって逃避行を続ける女子供連れの一行の前に、土地を奪われた満州の人達や匪賊やソ連軍の戦車などが次々と現われ、立ちはだかり、そこかしこで凄惨な生地獄が展開された。

熊本県出身者の五家站開拓団の悲劇、長野県出身者の開拓団の悲劇、佐渡開拓団の悲劇、東京荏原の開拓団の悲劇……、枚挙にいとまもない。かくて恨みを飲んで死んでいった十七万六千名にものぼるおびただしい血が、満州全土に流されたのだ。

しかもソ連軍は八月十五日の終戦協定を無視して、その後も一方的に戦闘を続行し、無抵抗の日本人を殺戮し、収容されている邦人の避難場所に夜毎現われては金品を強奪し、婦女子を拉致《らち》し、暴虐の限りを尽した。そのため若い女性は髪を切り、顔に煤《すす》を塗って自衛した。

明治三十八年日露戦争の時、世界最強を謳われた大国ロシアが、新興小国日本に屈辱的な大敗を喫したが、これらの行為はその時のいわば報復なのだろうか。旅順開城の折り乃木大将は、ステッセル将軍に帯刀を許す武士道を以て遇したのに。

関東軍総参謀長秦彦三郎《はたひこさぶろう》は、「日本軍の名誉と民間人の保護に、くれぐれも万全を期されたい」と、強く申し入れて武装解除に応じたにもかかわらず、その約束は一顧だにされず、しかもソ連は国際法に違反して五十七万人もの日本軍将兵を列車に詰め込み、シベリヤに拉致して、捕虜として強制労働を科したのである。その結果、栄養失調と病気と極寒に耐えきれず、祖国日本への望郷の念を抱きながら、約六万人もの将兵がシベリヤの大地で死亡したのだ。

これに比べ、中国からの引揚者は幸せだった。日本軍将兵百十万人。在留邦人五十万人。無事帰国して来ることが出来た。それというのも終戦の時に発した蔣介石総統の言葉が効いている。

以徳報怨（徳を以って怨みに報いる）

やっぱり三千年の歴史を誇る孔子の国は違う。

父は富之助叔父の復員に力を得て、家を建てる決心をした。だがその家を東京に建てるか、地元に建てるかで大いに迷った。

「早く東京へ戻って来いよ」

昔の同業者仲間は会うたびに復帰を促してはくれる。だが食糧事情の極めて悪い東京へ、幼い子供達を大勢連れて、はたしてうまくやっていけるだろうか？　父は二の足を踏んだ。

父にしてみれば、これで右腕さえ満足に付いていれば、ためらうことは少しも無かった。父はいくらでも東京で商売をしてゆく自信があった。だが四十の坂を越えたいま、右腕を無くしてから絶えず体調不良に悩まされ、それでも生活を支えてゆくためには休むわけにもゆかず、無理を承知で働き続けて来た父には、もはや失敗を怖れず突き進んで行った若い頃のような気力は失せていた。考えが守りに傾いていた。

結局、父は東京で家を建てることを諦めて、八日市場から東へ十粁。いまは亡き妹が昔嫁いで行った旭に家を建てることにした。

「屋根に瓦を載せなよ。有る時払いの催促なしでいいからさ」

父の幼友達で、現在家業の瓦屋を継いでいる岡部さんがしきりに勧めてくれたが、父は断った。そして富之助叔父と二人で裏庭の隅に井戸を掘った。砂地の庭は十尺も掘れば水が出た。

昭和二十一年秋。父は旭に十五坪の平屋を建てた。古材木を削りなおして屋根も杉皮葺きだったが、ともかくこれで一家八人、手足をおもいきり伸ばして風雨を凌げる立派な我が家が持てたのだ。

母が黄色い声を張り上げて制止するのも聞かず、勇や啓悟や教郎や国泰や康浩達が、家中をはしゃぎ回っている。父は満足の笑みをもらした。だがそれから三日後、気のゆるみか父は倒れた。

母は富之助叔父に哀願した。

「うちの人は見ての通り、空襲で右腕をもがれ、今までの無理がたたって倒れてしまいました。子供達はまだ幼く、ですから助けると思って一年でも二年でも、シベリヤへ強制労働に持っていかれたと思って、私達一家の面倒をみて欲しい。うちの人は軀さえ丈夫になれば、いくらでも働ける人だから」

けれど富之助叔父は、

「これからは、自分の好きなように生きてゆきたいから」

と、自分の荷物をまとめて家を出ていった。

詩作

父が病に倒れ、私は中学を中退した。

昭和二十二年春、国民学校は再び小学校と改称され、米国に倣い男女共学の六・三制が発足し、同級生達は皆自動的に高校一年に進学した。だが私はもう学校になぞ何の未練も無かった。

学校の成績はビリに近く、たえず落第線上をさまよっていた私は、中学三年を卒業出来ただけでもお情け及第だと思っている。それに奈美さんの居ない久我山は寂しくて、何をする気にもなれず、私も早く学校を辞めて旭に帰り、心機一転、父に代って働きたい気持ちだった。

母はここで辞めてしまっては学歴に傷が付く、勿体ないじゃないかと反対したが、私の気持ちが固いことを知ると、それ以上何も言わなかった。

三月下旬。父が病を押して久我山へ私を迎えに来た。そして理事長室に伜が長い間大変お世話になりましたと礼を述べに行っている間、私は用務員室で菊谷さんからアイロンで延ばした五円札を餞別にもらった。だが私はそれを父には告げず、その金で本を買ってしまい黙っていた。

その悔いが今でも思い出すたびに心がうずく。


旭に帰って来た。母と五人の弟達の笑顔が嬉しかった。私は早速父の背中に回って肩を叩き始めた。

「痛え、強すぎるよ」

父は悲鳴を上げた。幼い日、私がどんなに強く叩いても、

「なんだ、それっぽっちの力しか無えのかい？　効かねえな、遠慮しねえでもっと

強く叩いてみろ、もっと強く！」

　あの頑健な父の軀は一体どこへ行ってしまったのか。私は痩せ細った父の背中を撫でさすりながら、思っていた以上に父の軀が衰弱しているのに愕然とした。この軀で身を削り父は私達家族のためにこの家を建ててくれたのだ。その働きは今まさに消えなんとするローソクの灯の、最期《いまわ》の際にひときわ輝く、あの光にも似た燃焼だった。

　母は言った。長男のお前は子供の頃から本ばかり読んでいて、どう見ても商人向きの性格では無かったので、せいぜい学問でもみっちり仕込んでやらなければと、東京で酒屋を始めた時から空樽を売った儲けだけは別にして、私の大学資金として積み立てて来たのだという。

　今の私にとっては、この恩情だけで充分だった。幼い頃から両親の愛情をいっぱいに受けて、大切に育てられてきたことは、誰よりもこの私自身が一番よく知っていた。

私は毎日自転車のうしろに荷籠を載せて、その中に食料品や日用品雑貨を詰め込み、行商に出掛けた。今日は東、明日は西、明後日は北と、旭近在の農家を一軒一軒御用聞きして回った。雨の日もあり、風の日もあり、時には朝から晩まで走り回ってもさっぱり売れない日もあった。すると父は励ましてくれた。

「商売はあきないって言うだろう。飽きないでやれや」

農家の人達はしぶちんで、手にとってもなかなか買ってはくれなかったが、なかには私が行くと必ず一品でも二品でも買ってくれる贔屓《ひいき》客もあった。小さな家だがきちんと掃除がゆき届いていて、庭には四季折り折りの草花がいつも美しく咲いていた。品のよい人で言葉遣いもきれいだった。人の噂では東京で戦災に遭い、家族を皆失くしてしまい、いまはこの村の成金のお妾さんになっているという人もいたが……。

私は一日の売上げが千円を超えると嬉しくて、父の喜ぶ顔を瞼の裏に描き、もう一軒もう一軒と暗くなるまで行商して歩いた。

また時には駅前の卸問屋から頼まれて、上野のアメ屋横丁へ担ぎ屋として荷を運ぶ日もあった。アメ横の缶詰棚には小さな隙間が開いていて、そこから店内の客の様子や、道ゆく人々の様子や、警察の手入れを見張っている鋭い目が、皇居堀端の石垣の奥で、ピカリと光る大蛇の目のように薄気味悪かった。


その年の暮れ父は言った。

「世の中はまだ混沌としているが、それでも少しずつ落着きを取り戻して来ているようだ。だから敏倫もいつまで行商や闇屋の真似ごとなどしていてはいけない。今のうちに堅い職業に就いていた方がいい」

だが十六歳の、それも中学中退の少年を、そう簡単に雇ってくれる所などあろうはずが無い。戦後の日本は外地から三百三十万人もの復員兵が引き揚げて来て、巷は失業者で溢れている。でも父は昔東京で酒屋をしていた頃、小僧としてしばらく店で働いていた遠縁に当る鈴木緑という小父さんが、現在、東京足立区で工員をしていることを知り、その人の口聞きでなんとか私の新しい就職先が決った。鉄鋼のバネを作っている工場だとか。なるほどこれ以上お堅い職業はない。

昭和二十三年一月六日。私は就職のため独り東京へ向った。途中用事があったので八日市場からバスで成田に廻り、成田から京成電車で上野に出た。そして国鉄の上野駅に通じる地下道に一歩足を踏み入れた途端、佃煮を煮しめたような饐《す》えた臭いが、私の鼻先にツンときた。

目を凝らすと薄暗い地下道の中は、通行する道幅が三分の一に狭められ、両側の左右の壁際には着のみ着のままの浮浪者達が、それぞれ一枚の筵にくるまって、生きているのか死んでいるのか声も無く、それがどこまでも奥へと続いていた。

ある者は壁に背をもたれ、ある者は両膝を抱えて首を垂れ、ある者は互いに抱き合い肌をぬくめ合う格好で、ある者は通行人に背を向けて戦闘帽を目深にかぶり、またある者は筵を素巻きのように軀に巻いて、立っている者は一人もいなかった。誰もがみな冷えきったコンクリート上に足を縮めて蹲《うずくま》り横たわっていた。この光景は薄汚いぼろ切れが道端の両脇に累々と打ち捨てられ、地に張り付いているようなおぞましさだ。

戦後三年を経たというのに、ここ上野の地下道では、いまだ壕舎や仮小屋にも住めない浮浪者達が、夜ごと約二千人も集って、飢えと寒さにふるえながら夜を明かしている。毎朝何人かの死者が出るという。解剖の結果それらの死因はいずれも栄養失調死だという。

通行人達も皆つらそうに眼をそらし、口を閉ざし、鼻翼を狭めて足早に通り過ぎてゆく。その靴音だけが高かった。

もし私の父に意気地が無かったら、あるいは今頃この人達と同じ境遇に堕ちていたかも知れなかったのに、長い地下道をくぐり抜けてホームに立った私は、大きく息を吐いて、澱《よど》んだ臭気が衣服に泌み込みまとわりついてはいまいかと、電車が滑り込んでくるまで、何度も袖に鼻を近づけ臭いを嗅いだ。

関東平野を流れる荒川が、赤羽附近で二筋に分れ、水門をくぐった片方の流れが千住を過ぎて隅田川となる。その水門から約二粁ほど下った荒川と隅田川に挟まれた三角地帯に、私の目指す新理研スプリング工業K.Kの足立工場は建っていた。下十条駅で電車を降りて、東京にもまだこんな草ぶかい辺鄙《へんぴ》な土地が残っていたのかと内心驚きながら、私は独り宮堀の渡し船に乗って隅田川を渡った。

工場に着くと、勤労課の人が早速工員寮に案内してくれた。工場の南側にあるハモニカ長屋風の木造二階建てで、古ぼけて煤煙ですすけていた。一階は全て世帯持ちの従業員が住んでいるという。二階が独身寮で、東西に長く延びた一間の廊下を挟んで、両側に十五室ほどの部屋が並んでいた。勤労課の人が南側の一室に入っていった。

十畳一間のその部屋には良吉、見悟、守、太志、昭吉という、だが姓はいずれも佐久間と名乗る福島県二本松出身の若者達が住んでいた。この仲間の中に今日から異郷の私が一人混じるのだ。一寸嫌な気もしたが、

「よろしくお願い致します」

私が千葉のピーナツ味噌を差し出すと、福島からは吊し柿をくれた。押入れの上段の端を少し開けてもらって其処に自分の荷物を置いた。洗面所とトイレは一階の両端にあり共同使用だという。壁には女優のプロマイドがベタベタと貼られてあった。部屋の中に家具らしいものは何も無かった。窓の外には横に紐が張られてあり、下着類が干されてあった。四角い顔の若者が部屋の隅で背を丸め、チンポに赤チンを塗っていた。

「あんまり安い女を買いやがるからさ。お前らも気を付けろよ。こいつから毛虱うつされねえように」

窓辺の柱に寄りかかり、この部屋では一番年嵩の良吉が唇をゆがめて薄ら笑いを浮かべた。が、窓の下を見てまた喚いた。

「誰だ。下にしみの付いたパンツ落とした奴は！　早く拾って来いみっともねえ、階下《した》には年頃の娘だって居るんだからな」

その夜、私はリンゴ箱を机がわりにして、父母に心配をかけまいと、いい事ばかりを手紙に書いた。


私の工員生活が始まった。朝食は一汁一菜。就業時間は朝八時から夕方四時まで。工場は切断、焼入れ、焼戻し、組立て、検査、工作、梱包と分れていたが、私は検査課に所属が決った。他の部署ではとても使い物にはならなかったからだろう。それでも組立てられた板バネやコイルバネを荷重機に載せて一個一個検査をする時は、二人乃至は四人掛りで持ち上げ載せたり降ろしたりするので作業服はじきグリスで黒く汚れた。

鈴木小父の現場は焼入れで、千度にも熱せられた炉の前で大槌を振り上げ、真っ赤に灼けた鉄を相手にハッシハッシと格闘していた。火花が散る。汗が弾ける。油が飛ぶ。小柄な小父のズボンが今にもずれ落ちそうに見えるのは、多分、妻や子供達が必死にぶらさがっているためだ。

なにしろ鉄鋼が相手の仕事なだけに、始めはきつかったが、毎日夢中で働いているうちに軀が少しずつ慣れていった。初めて貰った給料を封も切らずに家に持って帰ると、母はそれを仏壇に供えて喜んでくれた。この頃から父の顔は仏のように柔和になり、めっきり軀が弱っていった。

寮ではダンスと英会話が流行していた。が、私はそれらに背を向けて唐詩選を読んだ。だが独学の悲しさ。徒《いたず》らに同じ処をめぐるばかりで、勉強は遅々として進まなかった。

同室の福島の言葉は面白かった。汽車や電車から降りることを「おっこちる」と言った。「それだから」と言うのが「ふんじゃから」なにやら馬糞か牛糞を素足で踏んづけたみたいで気持悪いと笑ったら、

「この野郎、新入りのくせにお調子に乗りやがって、あんまりなめた口をきくなよ」

私が入社して二ヶ月目から給料の遅配が始まった。月何回もの分割払い。だから時にはいろいろと差し引かれた計算書の紙切れが、一枚入っているだけのこともあった。私は母への送金が遅れてイライラした。労働者の不満は爆発した。職場大会・団体交渉、そして遂にストライキに突入した。

私は資金カンパの飴を仕入れに上野のアメ屋横丁へゆく。仕入れを済ませて小便臭いガード下で握りめしを食う。と、眼の前に十歳位の男の子が立った。頭に腫物が出来ている。だまって汚い手を出した。やると背を向け、コンクリート柱の間を板切れや荒筵で囲った小屋の中に姿を消した。行って覗くと、半身を起した少女とその握りめしを二つに分けて食べているところだった。少女は病身らしかった。私は足音をしのばせ踵を返した。

このガード下の一区画が、御徒町相助会と呼ばれ、戦災者や引揚げ者ばかりの十七世帯が住み着き、共同作業で紙屑やボロ布などを拾い集めて来ては区分けをし、利潤を公平に分配し、弱い者同士お互いに助け合って生きているのを知ったのは、私がずっと後年になってからのことである。

会社がストで十日間ほど休業状態であった時、私は単独でアメ屋横丁へ日参し、一袋五円で仕入れた飴を十円で売って歩いた。一応資金カンパの名目なので、どこの会社でも工場でも社宅でも、「困っている時はお互いさま」と同情して買ってくれたので、自分でも信じられない位の金を摑むことが出来た。なにしろ十日間で五千円の利益を得たのだから。これは私のほぼ一ヶ月分の本給に匹敵した（当時、御徒町相助会の人達が一日働いて得た利潤を分配すると、一世帯当り約百五十円程度だった）。

これは旭にいた一年間、行商をして歩いていた頃の体験が、案外役立っていたのかも知れない。私は飴玉で儲けた金で今度は靴下を仕入れた。

突如、会社側は経営不振を理由に、一方的に個人宛て約三十名の解雇を通告してくる。労働組合員約二百名、馘首《くびきり》反対を叫んで立上る。団体交渉、赤旗の波、だが結局組合は二派に分裂、完敗を喫した。

春の宵。神田駅に近いシャッターがおりたビルの前、一枚の茣蓙《ござ》の上に正座して一握りの白砂を右手に摑み、黒布の上に砂絵を描いては客を寄せ、手相を観ている老人があった。その砂絵の見事さ、説得力のある講釈に周囲は黒山の人だかり。幾人かの客が観てもらった後に、私もおそるおそる手を出した。

「父の病気治るかしら?」

白髪の易者は眼光鋭く私の顔を凝視した。が、やがて首を横に振り、父の寿命を今年いっぱいと予言した。

(父が死ぬ。今年いっぱいで父が死ぬ)

夜桜見物の人混みの中を、私は夢遊病者の足どりで、上野不忍池のほとりを歩いて行った。道ゆく人々は花を愛《め》で、みな平和な春に酔っていた。

（父が死んだら、母と俺達兄弟六人は、一体それから先どうなるんだろ）
「どうにかなるさ」と易者は言ったが、蓮池は暗く、映る我が影もまた暗い。石を拾って己の影を打ち砕き、不安に脅えながらも、間近に迫った父の死に対する心の準備を開始した。

昭和二十三年五月一日。第十九回メーデー開催。
ワッショイ　ワッショイ　ワッショイ　ワッショイ
玉砂利を踏むジグザグ行進の中で、私はこの時、遠く戦火の彼方へと消えていった出陣学徒の靴音を聞いていた。ペンを捨て銃を担い、玉砂利を踏みしめ大学の校門から戦場へ、そして死へと、真っ直ぐに歩調を揃えて消えていった多くの先輩達の靴音を。
私は知っている。暗い時代に生を享け、青春を迎えた先輩達が、マッチの灯よりもはかない一つの愛を、祈りにも似た両掌で包み、いかに大切にあたためたかを。

忘れては済まない。美しい祖国の山河を守るため、愛しい人を守るため、みずからの命を捨てていった多くの先輩達の苦悩を、涙を、血の価値を、そしてその死が決して無駄ではなかったと生涯賭けて証明するのが、残された私達後輩の務めなのではなかろうか。

おい。もっと赤旗を高くかかげろ。もっと強く打ち振るのだ。

ワッショイ　ワッショイ　ワッショイ　ワッショイ

資金カンパの飴で儲けた靴下を、私は寮の仲間達に闇値の半分で売った。皆は「安い。田舎へ帰る時の良い土産が出来た」と、喜んでくれた

同室の佐久間良吉二十五歳。大きな目玉は濁っていて、厚い唇はいつもめくれ加減にゆがみ、酒ぐせが悪く、酒が過ぎると粗暴になった。先日も仲人の口利きで見合をしたが、相手方の父親から「飲め、飲め」とすすめられ、飲み過ぎて本性を顕し、大醜態を演じて破談になったという。その良吉だけが靴下の代金を次の給料日

まで待ってくれと言った。私は承知した。だが約束はあっさり破られた。良吉は私に貯金通帳を見せながら、

「ほらな。引き出せばいつでも払えるんだ。もう一ヶ月待ってくれ」

と言った。

私は母への送金がこれでまた遅れるのかと顔をそむけて返事をしなかった。次の給料日、良吉は確かに靴下二ダース分の金を払ってくれた。だがそれを受け取った瞬間、私の顔に大きな拳が飛んで来た。

「この野郎、俺が金を払わねえなんて皆に言いふらしやがって、見ろ、ちゃんと払ったじゃねえか」

私は最初なんで自分が殴られたのか判らなかった。人に言いふらした憶えもない。ただ一人同室の同じ歳の昭吉に洩らした他は。その昭吉が讒言《ざんげん》でもしたのだろうか。

「いつも生意気な口ばかりききくさりやがって。立て！　焼きを入れてやる」

私は言われるままに黙って立った。そこを良吉は力まかせに右から左から殴りつ

けてきた。私は一切抵抗はしなかった。殴られるままに殴られる数を十二まで算《かぞ》えていた。鼻血が古畳の上に飛び散った。枯野に咲いた紅花のように鮮やかだった。(きれいだな)と思った。そこをまたおもいきり殴られて、私の軀は紅花の上に転がった。

「もうそれ位で許してやれよ」

この部屋では一番穏健な性格の見悟が、たまりかねたように言葉をかけた。狐顔した昭吉はずっと顔をそむけていた。

私刑《リンチ》が終った時、私の玉子型の顔はフットボールのようにパンパンにふくれあがり、唇は切れ、両眼は塞がり、見るも無残な面相になっていた。首から上が火のように熱くほてっている。腫れが引くまで一週間かかった。私は三日間会社を休んで寝込んでしまった。

鈴木の小父は良吉と職場が同じだったが、面倒なことに巻き込まれたくは無かったものか、知ってても知らぬふりを決め込んで、一度も見舞いには来なかった。

月給日の夜は、独身者の工員は誰もが決ってめかし込み、早ばやと寮を飛び出し街へ遊びに出掛ける。だが私は独り布団をかぶって部屋で寝ていた。

夜の九時過ぎ、めずらしく良吉が一番先に帰って来た。またたらふく酒を飲んで来たとみえ、私の足を布団の上から踏んづけ踏んづけ、よろめきながら窓を開けると、二階からいきなり立小便を始めた。階下の庇《ひさし》が音を立てている。私は半身を起した。良吉は軀をふらつかせまだ長々とやっている。その後ろ姿を眺めているうちに、私は良吉を思い切り突き飛ばしてやりたい烈しい衝動に駆られた。いま後ろから突き飛ばせば、良吉は真っ逆さまに転落し、脳漿を撒き散らして死ぬだろう。胸は早鐘を撞くように高鳴り、私は額の汗をぬぐった。が、結局それを行動に移すことはなかった。

もし私が一時の激情に駆られて身を誤れば、後に続く五人の弟達もまた将棋倒しに駄目になるという予感が、かろうじてこれを思いとどまらせたのである。

昭和二十三年六月十三日。一つの衝撃が走った。

およそ文学などというものには縁遠い私達工員仲間でも、寄ると触ると『斜陽』『人間失格』の流行作家太宰治が、愛人山崎富栄と玉川上水に投身自殺した事件の話で持ち切りだった。

私は眼を閉じた。するとつい一年半ほど前まで久我山に住んでいた頃、側を流れる玉川上水が、別名人喰い川とも呼ばれ、長い川藻が密集してからみ合い、落ちたら忽ち足をからまれ、川底ふかく引きずり込まれてゆきそうな薄気味悪い川が、瞼の裏に浮かんで来た。水量も豊かで流れも滔々と速かった。その上流の三鷹あたりで太宰治は情死したという。「書けなくなった」との遺書を残して、まだ三十九歳の若さで。

今度の戦争で世界は桜の花びらよりもはかなく、おびただしい人命が散っていった。誰もがもっと長く生きたかったのに。

今度の戦争で日本は何も彼も失った。だが生き残った日本人は、誰もが苦しみながらも明日の糧を求めて、必死に生きているというのに、たかが書けなくなった位で死ぬなんて、それは余りに贅沢すぎる。

梅雨に入った。私は寮の畳の上に腹ばいになって、一年前、旭で行商していた頃のことを思い出し、奈美さんから貰った万年筆で詩を書いた。

梅雨

昨日も雨
今日も雨
そして明日も雨か
明後日も

「出商売の者は泣くねえ」
暗い空を見上げて母は言う
私は喜ぶ
こうゆう日御用聞きにゆくと
案外注文が多いからだ

一日の仕事を終えて
風呂に入る
萎縮した全身の毛穴が一斉に開き
そこから湯が泌み込んでくる
その時のしびれるような気だるい甘さは
下着までずぶ濡れになった者以外には判らない

私は自分の人生に
晴天ばかりを望まない
むしろ風雨の強からんことを望む
なぜならそれに耐えて生き
精一杯生き抜いて死んだとき
永遠《とわ》の眠りも
さぞ甘いだろうとおもうゆえ

カレーライス

昭和二十年（一九四五）八月十五日。日本は天皇の玉音放送で終戦を迎えた。サングラス姿のマッカーサー元帥は、コーンパイプを片手に厚木飛行場に降り立ち、米軍第一騎兵師団八千の兵を従え、九月十五日東京に進駐してきた。そして皇居内濠前の第一生命ビルを接収して、ここにＧＨＱ（連合国総司令部）を置き、以後五年にわたり日本占領の最高司令官として君臨し絶大の権力を振った。

都内に焼け残っているめぼしい洋館は、ＧＨＱ高官の邸宅として接収した。朝日生命ビルはＭＰ本部に、銀座の服部時計店はＰＸ（酒保食品売店）に、日比谷の宝塚劇場はアーニーパイルと名を改め、進駐軍専用の劇場としてそれぞれ接収した。そして戦勝国としての力を誇示するかのように、皇居前広場ではことあるごとに高く星条旗を翻し、分列行進を繰り返していた。だが一般の日本人は、戦後もなお玉砂利を踏みしめ二重橋に向い、皇室に対する敬愛の情に、さほど変化はみられなかった。

東京進駐の初日から、米軍による性犯罪やピストル強盗事件など三十二件も発生した。それを報じた朝日新聞はGHQから二日間の発行停止処分を受けた。以後、進駐軍に悪印象を与えるような記事の掲載は固く禁じられた。だが秘かに漏らされた警視庁からの報告によれば、日本占領の一年間に、東京都内だけでも進駐軍による婦女暴行事件は五千件を超えたという。

これを憂慮した日本政府は、各都道府県知事に対し、RAA（占領軍向け特殊慰安施設協会）を設置するよう極秘の指令を発した。

敗戦直後のこと。私は一度だけ我が家の焼跡をこっそり見に行ったことがある。

瓦礫は片付けられ、壜を洗う流し台と防火用水だけが残っていた。小学校の校庭では子供達が上半身裸になって乾布摩擦をしていた。どの子も皆あばら骨が浮き出ていて、太っている子は一人もいなかった。

第二京浜国道では、進駐軍のジープやトラックがひっきりなしに走っていた。その後から将官を乗せた高級外車が音もなくスピードを上げて追い抜いていった。日本の大八車やリヤカーや自転車などは遠慮がちに国道の端っこを走っていた。繁華街では薄よごれた服装に雑嚢を肩から垂らし、男達は頭に戦闘帽、女達はまだモンペ姿が多かった。それら多くの日本人に混じって、血色のよい進駐軍兵士が、パンパンとかオンリーさんとか呼ばれる日本人女性と腕を組み、店先をのぞきながら歩いていた。連れの女性は周囲の同胞達の軽蔑と羨望の視線を跳ね返すように、昂然と胸を張り、舶来の食品やら煙草など山盛りに入っている紙袋をＧＩ（米軍兵士）に持たせ、軒の低い路地裏に消えた。

不思議と犬は一匹も見かけなかった。戦時中ほとんど口にしたこともなかった牛

郵便はがき

恐縮ですが
切手を貼っ
てお出しく
ださい

160-0022

東京都新宿区
新宿1－10－1
(株) 文芸社
ご愛読者カード係行

書　名				
お買上 書店名	都道府県　　市区郡　　書店			
ふりがな お名前			大正 昭和 平成　　年生　　歳	
ふりがな ご住所	□□□-□□□□		性別 男・女	
お電話 番　号	(書籍ご注文の際に必要です)	ご職業		

お買い求めの動機
1. 書店店頭で見て　2. 小社の目録を見て　3. 人にすすめられて
4. 新聞広告、雑誌記事、書評を見て(新聞、雑誌名　　　　)

上の質問に1.と答えられた方の直接的な動機
1. タイトル　2. 著者　3. 目次　4. カバーデザイン　5. 帯　6. その他(　　　)

ご購読新聞　　新聞	ご購読雑誌

文芸社の本をお買い求めいただき誠にありがとうございます。
この愛読者カードは今後の小社出版の企画およびイベント等の資料として役立たせていただきます。

本書についてのご意見、ご感想をお聞かせください。 ① 内容について
② カバー、タイトルについて
今後、とりあげてほしいテーマを掲げてください。
最近読んでおもしろかった本と、その理由をお聞かせください。
ご自分の研究成果やお考えを出版してみたいというお気持ちはありますか。 ある　　ない　　内容・テーマ（　　　　）
「ある」場合、小社から出版のご案内を希望されますか。 する　　しない

ご協力ありがとうございました。

〈ブックサービスのご案内〉

小社書籍の直接販売を料金着払いの宅急便サービスにて承っております。ご購入希望がございましたら下の欄に書名と冊数をお書きの上ご返送ください。　（送料１回210円）

ご注文書名	冊数	ご注文書名	冊数
	冊		冊
	冊		冊

肉や豚肉がわりに密殺されたのだろうか。「赤犬の肉が一番旨い」と誰かから確かに聞いた記憶があった。

大井町から大森にかけての海岸通りは、戦前格式のある料亭や割烹が、両側にずらりと立ち並んでいた。その頃は大森で海水浴も出来たし、羽田では潮干狩りも出来た。ところがこの海岸通り一帯は、いまやＲＡＡに様変りしていて、大勢の進駐軍兵士が押しかけていた。

戦時中、「鬼畜米英我らの敵だ！」と大書されていた場所に、今では「ウエルカム」の横断幕が張られてある。

私達兄弟六人の中で、一番苦労したのは次男の勇だ。私が東京で、どっちを見ても暗くって、汚くって、醜くって、嫌なことばかりの現実から逃避して、自分独りの世界に閉じこもり、少女の寝言みたいな甘っちょろい詩を書いて、こころの憂さをまぎらせていた頃、旭では勇が我が家の現実を直視し、母を援けて、健気に生活と闘っていた。

夜、父ちゃんも弟達もみんな寝ていた。母ちゃん裏からこっそり出てった。とっときの着物を風呂敷に包んで、きっとまたお米と代えに行くんだ。うしろ姿随分やせたな。

農繁期。母ちゃん親類の農家へ泊りがけで田植えの手伝いにゆく。父ちゃんの看病、弟達の面倒、遊ぶ暇なんて無い。麦飯は今日も上手に炊けた。けれどおかずは今日も同じだ。でも父ちゃんも弟達もうまいうまいと残さず食べた。

今日また学校休んだ。朝まだ暗いうちに干潟の朝鮮人の集落へ密造のどぶろく仕入れにゆく。朝めし食べて、今度はそれを銚子の網元の家まで持ってゆく。駅で闇を取り締るおまわりさんの眼おっかなかったな。でもとがめられずに通してもらえた。心配している父ちゃんへ甘い物チョッピリ買って帰る。

修学旅行に行けなくたって、母ちゃんそんなに心配するな。学校出たらうんと働き、自分で好きな処へ行くからさ。そん時は母ちゃんも一緒に連れてってやるよ。だから母ちゃん。うんと長生きしろよな。

夕方雪が降ってきた。隣町の八日市場まで闇醤油を仕入れにゆく。自転車のペダルに足着くのやっと。往復十五粁ある。帰りスリップしてあぶなく横転しそうになった。母ちゃん風呂あたためて待っててくれた。でも入れなかった。股の皮すっかりすりむいちまって、湯がしみて痛くて痛くて。

母ちゃん過労で倒れた。父ちゃんも奥で寝たっきり。弟達が台所の隅に固まって何かヒソヒソ相談している。「何してんだ」すると三男の啓悟が真剣な顔で「もし父ちゃんも母ちゃんも死んじゃったらどうする?」「バカそう簡単に人間が死ぬものか」「でも、もし」「心配すんな。そん時はおれ学校辞めてすぐ働く。東京には敏兄ちゃんも働いてるし心配すんな」「そうだよね。そん時はボクも働く。三人で一生懸命働けば、下の弟三人位なんとかなるよね」「ボクも働く!」今年小学校に入学したばかりの四男教郎も言った。

親類の世話になろうと言う弟は唯の一人もいなかった。

今日税務署の人また来た。母ちゃん頭さげてる。襖一つへだてた奥の六畳で、病気の父ちゃんいま寝たばかり。税務署の人怖い顔して口をとがらせ、まだ何か言ってる。その度に母ちゃん頭さげてる。何度も何度も頭さげてる。

戦争末期。日本の主要都市は延べ一万七千五百機のB29の焼夷弾爆撃により、二百四十六万戸の家屋が焼き尽された。そして現在、それら大半の罹災者達は、焼跡に壕舎や仮小屋を建て、食うだけで精一杯の暮らしをしている。だから、たとえ古木材にせよ杉皮屋根にせよ、父が戦後いち早く住宅を建てたということは、家を焼かれた者から見れば、夢のまた夢の羨望であり、税務署からにらまれたとしても致し方なかったことかも知れない。

旭に家を建てた土地は、表通りの飼料問屋伊能屋さんの地所だった。が、そこの大旦那は、

「なにも儂の家は地代で喰ってるわけではないから」

と、大勢の子供を抱えて東京で焼け出されて来た私達一家に同情して、ほんのお印《しるし》程度しか地代を受取らなかった。家の裏には三十坪ほどの空地があった。母は店のかたわらそこを耕し、一寸した野菜の種を撒いたり草花を植えたりしてこころのやすらぎとしていた。

六男の康浩は生き物が好きで、その庭に十羽ばかりの矮鶏《チャボ》と、一羽の東天紅を飼

っていた。

「ホーッ、ホッホッホ」と康浩が呼ぶと、矮鶏達はいっせいに康浩の周囲に寄ってきて、掌の上に乗ったり肩の上に止ったりして親愛の情を示した。そして東天紅は、毎朝まだ夜が明け切らない暁闇の空に向って、「コケコッコーーー」と、長鳴鶏の名のごとく、大きな声で朝を知らせた。


母は三坪ばかりの店に乾物・雑貨・駄菓子などを並べ、朝早くから夜おそくまで働いた。客に対しては愛想が良かった。我が子の躾には厳しく、言うことを聞かない奴はぶん殴って育てた。

「啓悟、台所の大甕へ井戸水いっぱい汲んどけ、竈の火はもうふったけたか？」

「教郎、店の掃除はもう済んだか？　手抜きなんかしやがると承知しないぞ。雑巾《ぞうきん》はもっと強くきゅっと絞って」

「国泰、お父さんとこへ新聞持ってったか？　卓袱台にみんなの茶碗と箸並べたか？

鼻をかめ！」

「康浩、お前はまたお寝しょしたな。早くこの着物に着替えな、独りで出来るな？」

母は女の優しさをかなぐり捨てて、自分が父親の役目も果たさなければ、とてもじゃないが五人も六人もの男の子を育て上げることは出来ないと、必死に気を張って生きていたのだろう。だから弟達は母のことを陰で時に「鬼ババ」と毒づき、母が拳を振り上げると皆は蜘蛛の子を散らすように一目散に逃げた。そして弟達は家では一番上の勇のことを「兄ちゃん、兄ちゃん」と呼び、月に一度帰るか帰らない私のことは「敏ちゃん、敏ちゃん」と客分扱いで呼んでいた。

「母ちゃん。たまぁには息抜きに映画でも観に行ってみたら」

と私が言うと、

「なにも金を出してまで、そんなもの観にゆく必要はない。家の中を見てみろ。あっちで喧嘩して泣いてる奴もいれば、こっちで御飯を食べながらコックリコックリ居眠りをしている奴もいる。毎日我が家が映画みたいなもんじゃないか！」

前列左より　三男 啓悟、次男 勇、長男 敏倫
後列左より　四男 教郎、五男 国泰、六男 康浩

勇はペン画が得意だった。歌もうまかった。失敗した時は頭を掻き、叱られた時はひょっとこの顔をしておどけてみせ、母に頭を殴られた時でも一時間もすればケロリと忘れ、節もおかしく歌を唄った。

――後年。年に一度六組の夫婦が集う兄弟会の席上、私は勇に酒を注ぎながら言った。

「子供の頃、一番苦労したのは勇だったな。だから俺、いまだに頭あがらないよ」

「違うよ兄貴」

勇は笑いながら返盃し、

「あの頃はみんなで苦労したんだよ」


秋が来て草むらに虫がすだく頃、突然、K君から手紙が来た。今度の日曜日、新宿駅東口で待っている。会いたいとのこと。私は久しぶりに来たK君の手紙に心がときめき、その夜はなかなか寝つかれなかった。

終戦当時、私は家族と離れて独り都立十中（現在の西高）二階図書室で、喰うや喰わずの浮浪児同然の暮らしをしていた。栄養失調になった。その時、救いの手を差しのべてくれたのが同級生のK君だった。現在、私は菜っ葉服の油職工だが、K君はいま高校二年生のはずである。

約束の時間は午前十時のはずだったが、駅構内の時計が三十分過ぎてもK君は現われなかった。（どうしたんだろ）私は不安を募らせた。雑踏を極める構内に一時間立ち尽し、私は遂に諦めて改札口へ歩き始めた。その時だK君が柱の影から姿を現わしたのは！　二人は互いに手を取り合って再会を祝した。それから二人は新宿御苑に向って歩き始めた。

東京のど真中に、こんなにも広大な緑の美しい公園が、戦禍にもおかされずに残っていたのかと驚きながら、私たちは日本庭園に歩みを進めた。大都会の喧騒も此処までは届かない。別世界の静寂が私の心をなごませた。だが光線の具合か木下闇のせいか、一別以来のK君の横顔は、なぜか以前に比べどす黒く艶が無いように思われた。口数も少ない。

「どこか体の具合でも悪いの？」

K君はしばらく黙って歩いていたが、足を止めると、

「理由はいま一寸言えないが、親父や家族の者にも言えない内緒の金が、いまどうしても必要なんだ。少し貸してくれないか」

K君が私みたいな人間に、金の工面を頼むとはよくよくの事である。私にだって

ゆとりは無い。だが今日はK君に会うため、自分はすでに社会人として月給を貰っているんだよという見栄もあって、有り金ほとんど持って来ていた。

「いま、これだけしか持ってないけど、一体幾ら必要なの？」

「あ、それだけあれば充分だよ」

K君は私が手渡した札束を無造作にズボンのポケットに押し込んで、ほっとした様子で笑顔を見せた。私もほっとした。もっと高額の金が必要なんだと言われたらどうしようと内心ビクビクしていたからだ。私はあと一週間も我慢をすれば、また月給が入ってくる。

K君は、これからまだ他にも行く用事があるとかで、二人はガード下の小さな店で中華そばを食べて別れることにした。

「悪いな。来月の末には必ず返すからな」

「いいんだよ気にしなくても。それより軀を大切にね」

K君は残り汁《つゆ》を飲み干す丼で、顔を隠すようにして、その陰でニヤリと薄気味悪い笑みをもらした。

案の定、金はいつまで待っても返っては来なかった。風の便り、噂では、K君は同級生からカメラを借りて、それをかたっぱしから質に入れ、その金でヒロポン(覚醒剤)を打っていたらしい。

きっとあの日曜日。K君は私より先に新宿駅に来ていたに違いない。そして柱の陰から私の様子を窺いながら、会おうか会うまいか随分と迷っていたに違いない。騙された私より騙したK君のほうが、本当はもっともっと心の中で苦しんでいたのだ。いや、私はK君に騙された憶えはない。金を手渡した時点でこれは貸すのではない。あげたのだと自分の心に言いきかせていたからである。

私はK君を恨まない。今でも私を助けてくれた恩人だと思っている。ただK君を蝕んだヒロポンが憎い。


十一月初旬。旭に帰省した私が襖を開けて一歩父の臥している部屋に入ると、黴を蒸したような臭いがツンときた。その臭いには記憶があった。焼け出された時、昭和医専の死体安置所で嗅いだ死の臭いだ。私は観念した。父の命はもうあと幾許《いくばく》もない。だが使われている身の、どうしていつまでもこのまま父の枕元に座っていることが許されよう。父の眼はいままでになく優しかった。布団の中から細い手が伸びて来た。私はその手を強く両手で握りしめた。父はかすれた声で母に言った。

「敏倫はカレーライスが好きだった。食べさせて帰せや」

この言葉が、私の聞いた父の最期の言葉だった。

昭和二十三年（一九四八）十一月十二日。

極東軍事裁判の最終判決がくだった。A級戦犯東條大将ら七被告に絞首刑。他十六被告が終身禁固刑。だが果して戦勝国側のみが正義で、日本ばかりが悪だったのだろうか。連合国側はABCDラインで島国日本を囲み、石油を絶った。資源の乏しい日本が石油を絶たれ、どうして生きてゆくことが出来ようか。一世紀前、米・

英・欧の列強各国はアジア各地を草刈場のように食い荒らし、富を搾取し続けてきた。その罪は一体誰が裁くのか。自衛か侵略かは神の裁きに委ねるとして、この他B級C級の日本人戦犯者達五千七百人が捕えられ、世界七ヶ国五十法廷で戦勝国に裁かれ、約一千人が絞首刑、銃殺刑で処刑された。無実の罪で死んだ人も少なくなかったという。この人たちもまた悲惨な戦争の犠牲者だった。

その二日後の十四日朝、工場でいつも通りに機械を始動させ、仕事を始めたばかりの検査課に、首に手拭いをぶらさげた小柄な鈴木小父が姿を見せた。

「敏坊、すぐ田舎へ帰れ。いま電話があって今朝がたお前の父さん亡くなったそうだ」

教倫道政清信士　俗名政次　行年四十二歳

母の言葉によると、父は昨日まで平穏を保っていたという。家の脇で薪割りをしている勇の姿を、障子にもたれて眼を細めて眺めていたという。ところが今朝国泰が新聞を持っていくと、「お父さんお目目開かないよ」とのこと。母が急いで行ってみると、父はすでに死んでいた。

「すぐ鎌数《かまかず》のお爺さん呼んできておくれ」

母に言われて、勇は大急ぎで自転車を走らせ迎えに行ったが、その道みち、勇はペダルを踏みながら何度も口の中でつぶやいていた。

(父ちゃんにうなぎの蒲焼き、食べさせてあげたかったな)

めったに手に入らない父の好物うなぎの蒲焼きを知人から貰い受けて、喜んでいたのも束の間、それを一寸の隙に隣の猫が攫《さら》って逃げたのだ。母は眼の色を変えて悔しがった。父が死ぬ三日前のことだった。

葬式の朝は曇天だった。私達兄弟六人は、父の亡骸の前に座らされ、最期の別れをさせられた。
長男　敏倫　十七歳
次男　勇　　十三歳
三男　啓悟　九歳
四男　教郎　七歳
五男　国泰　五歳
六男　康浩　三歳
母は一握りの黒髪を切って棺の中に入れた。うしろで近所の人達のすすり泣く声が起った。
くそ！　誰が泣くものか。誰が人前で涙なんか見せるものか。これからは鬼だ。鬼になって生きてやる。富之助叔父が泣きながら棺に蓋をして釘を打った。私は歯を喰いしばり、その音をしっかりと耳に刻みつけた。

正方形の座棺は牛車にゆられ、石ころ道を火葬場に向った。ひどく揺れた。私は座棺に手をかけ揺れを押えた。座棺のうしろには薪が山積みにされていた。物の無いこの時代、死体を焼く燃料も、全てこちら持ちだった。牛車も薪も鎌数の爺さまが用意してくれたものだった。農繁期、母が鎌数へ三日二晩泊りがけで田植えを助《ス》けに行った礼として——。

風吹けば砂塵舞い、雨降ればぬかるみと化すこの田舎道。人々は黙々と轍のあとに従った。途中から細い雨が降ってきた。

父の亡骸が一壺の骨に収まると、母はもう泣かなかった。その夜みな早く寝た。が、寝つかれず転々と寝がえりを打つ私の耳に、九十九里浜の潮騒の音が高かった。

未明に起きた。周囲《あたり》は暗い。これから私の往く道はさらに嶮しくなるだろう。だが胸を張って歩いてゆこう。兄弟六人手をつなぎ。

周囲は暗い。夜明けは近い。暁闇の空に東天紅鳴く。

著者プロフィール

江波戸 敏倫（えばと としのり）

昭和6年（1931）東京に生まれる
東京都立十中（現、西高）中退
詩集に『暁闇』（1966）『存在』（1972）『旅と夢の断片』（1979）
『江波戸敏倫詩集』（1982）『草画』（1985）『詩海』（1991）
『清流』（1996）がある。

暁　闇

2004年2月15日　初版第1刷発行

著　者　江波戸 敏倫
発行者　瓜谷 綱延
発行所　株式会社文芸社
〒160-0022　東京都新宿区新宿1－10－1
電話　03-5369-3060（編集）
03-5369-2299（販売）

印刷所　東洋経済印刷株式会社

ISBN4-8355-7153-3 C0095